Die schönsten Glückwünsche
in Vers und Reim

Herausgegeben von Gabriele Jockel

Die schönsten Glückwünsche

in Vers und Reim

garant

Glückwünsche und Verse zu Familienfesten und Jubiläen

Zur Geburt

Eh man auf die Welt gekommen
und noch so still vorlieb genommen,
da hat man noch bei nichts was bei;
man schwebt herum, ist schuldenfrei,
hat keine Uhr und keine Eile
und äußerst selten Langeweile.

Allein man nimmt sich nicht in Acht
und schlupp! ist man zur Welt
gebracht.
Zuerst hast du es gut, mein Sohn,
doch pass mal auf, man kommt dir
schon!

Wilhelm Busch

Der jungen Mutter
Du warst noch so ein kleines Mädchen
von acht, neun Jahren ungefähr,
da fragtest du mich vertraut und
wichtig:
Wo kommen die kleinen Kinder her?

Als ich nach Jahren dich besuchte,
da warst du schon über den Fall
belehrt,
du hattest die alte, vertrauliche Frage
hübsch praktisch gelöst und
aufgeklärt.

Wilhelm Busch

Zur Geburt

Zwar man zeuget viele Kinder,
doch man denket nichts dabei.
Und die Kinder werden Sünder,
wenn's den Eltern einerlei.

Wilhelm Busch

Wo kriegten wir die Kinder her,
wenn Meister Klapperstorch nicht
wär?

Wilhelm Busch

Viel Freude macht, wie männiglich bekannt,
für Mann und Weib der heilige Ehestand!
Und lieblich ist es für den Frommen,
der die Genehmigung dazu bekommen,
wenn er sodann nach der üblichen Frist
glücklicher Vater und Mutter ist.

Wilhelm Busch

Vater werden ist nicht schwer,
Vater sein dagegen sehr.
Ersteres wird gern geübt,
weil es allgemein beliebt.
Selbst der Lasterhafte zeigt,
dass er gar nicht abgeneigt;
nur, er will mit seinen Sünden
keinen guten Zweck verbinden,
sondern, wenn die Kosten kommen,
fühlt er sich angstbeklommen.

Wilhelm Busch

Zur Geburt

Du schlummerst, feiner Knabe,
du meiner Freuden Kind,
so sanft in meinen Armen,
die deine Welt noch sind.
Nun wachst du auf, du lächelst,
ich blicke wonnenreich
in deines Vaters Augen
und in mein Himmelreich.

Adelbert von Chamisso

Dein Vater hält dich im Arme,
du goldenes Töchterlein,
und träumt gar eigene Träume
und singt und wieget dich ein.

Adelbert von Chamisso

Was klappert im Hause so laut?
Horch, horch!
Ich glaub, ich glaube, das ist der Storch.
Das war der Storch. Seid, Kinder, nur still
und hört, was gern ich erzählen euch will.
Er hat euch gebracht ein Brüderlein
und hat gebissen der Mutter ins Bein.

Sie liegt nun krank, doch freudig dabei,
sie meint, der Schmerz zu ertragen sei.
Das Brüderlein hat euer gedacht
und Zuckerwerk die Menge gebracht.
Doch nur von den süßen Sachen erhält,
wer artig ist und still sich verhält.

Adelbert von Chamisso

Zur Geburt

Schlaf, süßer Knabe, süß und mild!
Du, deines Vaters Ebenbild!
Da bist du; zwar dein Vater spricht,
du habest seine Nase nicht.
Nur eben itzo war er hier
und sah dir ins Gesicht
und sprach: Viel hat er zwar von mir,
doch meine Nase nicht.
Mich dünkt es selbst, sie ist zu klein,
doch muss es seine Nase sein;
denn wenn's nicht seine Nase wär,
wo hättst du denn die Nase her?
Schlaf, Knabe, was dein Vater spricht,
spricht er wohl im Scherz;
hab immer seine Nase nicht
und habe nur sein Herz!

Matthias Claudius

Und als das Kind geboren war,
sie mussten der Mutter es zeigen;
da ward ihr Auge voll Tränen so klar,
es strahlte so wonnig, so eigen.

Gern litt ich und ich werde, mein süßes Licht,
viel Schmerzen um dich noch erleben.
Ach! lebt von Schmerzen die Liebe nicht
und nicht von Liebe das Leben?

Adelbert von Chamisso

So, wenn ich schaue in dein Antlitz mild,
wo tausend frische Lebenskeime walten,
da ist es mir, als ob Natur mein Bild
mir aus dem Zauberspiegel vorgehalten.

Annette von Droste-Hülshoff

Zur Geburt

Vom Vater hab ich die Statur,
des Lebens ernstes Führen,
vom Mütterchen die Frohnatur
und Lust zu fabulieren.
Urahnherr war der Schönsten hold,
das spukt so hin und wieder;
Urahnfrau liebte Schmuck und Gold,
das zuckt wohl durch die Glieder.
Sind nun die Elemente nicht
aus dem Komplex zu trennen,
was ist denn an dem ganzen Wicht
Original zu nennen?

Johann Wolfgang von Goethe

Man könnt' erzogene Kinder gebären,
wenn die Eltern erzogener wären.

Johann Wolfgang von Goethe

Wir wünschen euch und eurem Kinde
an Glück, so viel das Herz nur fasst.
Und ein Willkommensangebinde
sei Gruß dem neuen Erdengast.

Er soll ein braver Junge werden
und euch zur Freude gut gedeihn.
Ihm leuchte im Gestrüpp der Erden
des Lebens schönster Sonnenschein.

Euch Eltern aber sei beschieden,
was ihr nur wünscht für euch und ihn.
Im kleinen Heim soll Lust und Frieden
bestehen als des Daseins Sinn!

Christian Friedrich Hebbel

Wenn ich, o Kindlein, vor dir stehe,
wenn ich im Traum dich lächeln sehe,
wenn du erglühst so wunderbar,
da ahne ich mit süßem Grauen:
Dürft' ich in deine Träume schauen,
so wär mir alles, alles klar.

Dir ist die Erde noch verschlossen,
du hast noch keine Lust genossen,
noch ist kein Glück,
was du empfingst;
wie könntest du so süß
denn träumen,
wenn nicht noch in jenen Räumen,
woher du kamst, dich ergingst?

Christian Friedrich Hebbel

Mein Kind

Wie mein Kind sich freuen kann!
Sieht es nur ein Licht,
sieht es nur ein Blümchen an,
lächelt sein Gesicht.
Welche Freude wird es sein,
wenn's im Frühlingsfeld
laufen kann im Sonnenschein
durch die Blumenwelt!
Wie's die Händchen dann erhebt
nach dem Schmetterling!
Wie's nach allem hascht und strebt!
Nichts ist ihm gering.
Und das Hälmchen in dem Ried
und das Blatt am Strauch,
alles, alles, was es sieht,
alles freut es auch.
Und wie wird die Freude sein
in der Sommernacht,
wenn der Mond mit güldnem Schein
ihm entgegenlacht!
Freue dich, mein liebes Kind!
Wer sich freuen kann,
ist, sobald er nur beginnt,
schon ein bessrer Mann!

Hoffmann von Fallersleben

Zur Geburt

Was eine Kinderseele
aus jedem Blick verspricht!
So reich ist doch an Hoffnung
ein ganzer Frühling nicht.

Hoffmann von Fallersleben

Ihm ruhen noch im Zeitenschoße
die schwarzen und die heitern Lose.
Der Mutterliebe zarten Sorgen
bewachen seinen goldenen Morgen.

Friedrich von Schiller

Wenn ich wüsste, dass morgen die Welt untergeht,
würde ich heute noch ein Bäumchen pflanzen.

Martin Luther

So eng auch Freundschaft, Liebe und Ehe Menschen verbindet:
Ganz ehrlich meint jeder es am Ende doch nur
mit sich selbst und höchstens noch mit seinem Kinde.

Arthur Schopenhauer

Die junge Mutter

Sie fühlt's, es ist ihr Sohn! Mit Tränen inniger Lust
gebadet, drückt sie ihn an Wange, Mund und Brust
und kann nicht satt sich an dem Knaben sehen.
Auch scheint der Knabe schon die Mutter zu verstehen.
Lasst ihr zum Mindesten den Genuss
des süßen Wahns! Er schaut aus seinen hellen Augen
sie ja so sprechend an – und scheint nicht jeden Kuss
sein kleiner Mund dem ihren zu entsaugen?
Sie hört den stillen Ruf – wie leise hört
ein Mutterherz! Und folgt ihm unbelehrt.
Mit einer Lust, die, wenn sie neiden könnten,
die Engel, die auf sie heruntersahn,
die Engel selbst beneidenswürdig nennten,
legt sie an ihre Brust den holden Säugling an.
Sie leitet den Instinkt und lässt nun an den Freuden
des zarten Mitgefühls ihr Herz vollauf sich weiden.

Christoph Martin Wieland

Zur Taufe

Lass uns die Wohltat recht ermessen,
die uns die Taufe zugewandt,
und nie, o Herr, den Bund vergessen,
der uns so fest mit dir verband.
Uns alle stärk zu neuer Treu',
dass über uns dein Friede sei!

Altes Kirchenlied

Gesegnet
ist der Mensch,
der sich auf Gott verlässt,
dessen Hoffnung auf Gott gründet.

Prophet Jeremia

Gutes tu rein aus des Guten Liebe!
Das überliefre deinem Blut;
und wenn's den Kindern nicht
verbliebe,
den Enkeln kommt es doch zugut'.

Johann Wolfgang von Goethe

Dein Geist wird dich leiten, in jedem
Augenblick das Rechte zu wirken.

Johann Wolfgang von Goethe

Zur Taufe

Durch die sinnliche Handhabung
der Taufe oder des Händeauflegens gerührt,
gab vielleicht ihr Körper
der Seele eben denjenigen Ton, der nötig ist,
um mit dem Wehen des Heiligen Geistes
zu sympathisieren,
das uns unaufhörlich umgibt.

Johann Wolfgang von Goethe

Zur Taufe

Ach, lieber Herre Jesus Christus,
weil du ein Kind gewesen bist,
so gib auch diesem Kindelein
die Gnad' und auch den Segen dein.
Ach, Jesus, Herre mein,
behüt dies Kindelein.

Heinrich von Laufenberg

Sieh nicht, was andre tun,
der andern sind so viel,
du kommst nur in ein Spiel,
das nimmermehr wird ruhn.

Geh einfach Gottes Pfad,
lass nichts sonst Führer sein,
so gehst du recht und grad
und gingst du ganz allein.

Christian Morgenstern

Zur Taufe

Bedenk es wohl, eh du sie taufst!
Bedeutsam sind die Namen;
und fasse mir dein liebes Bild
nun in den rechten Rahmen.
Denn ob der Nam' den Menschen macht,
ob sich der Mensch den Namen,
das ist, weshalb mir oft, mein Freund,
bescheidene Zweifel kamen;
eins aber weiß ich ganz gewiss,
bedeutsam sind die Namen!
So schickt für Mädchen Lisbeth sich,
Elisabeth für Damen.
Auch fing sich oft ein Freier schon,
dem Fischlein gleich am Hamen,
an einem ambraduftigen
klanghaften Mädchennamen.

Theodor Storm

Ihr habt das Kindchen fein gemacht,
es trägt ein süßes Kleid.
Ihr wisst, dass Gott es heut betracht';
das ist von euch gescheit!
Ich hab es nicht im Kopfe drin,
was ich zur Taufe trug,
doch weil ich ein Kind Gottes bin,
war es bestimmt genug.

Volksgut

Kommunion/Konfirmation

Unbedingtes Vertrauen,
dass sich der Wille Gottes erfüllen wird,
wenn ich treu bin,
nicht nur trotz der Hindernisse,
sondern dank der Hindernisse!
Die Hindernisse sind das Zeichen dafür,
dass eine Sache Gott gefällt.
Gott bedient sich der Gegenwinde,
um uns zu lenken.

Charles de Foucauld

Gib, gib und immer gib der Welt
und lass sie, was sie mag, dir wiedergeben;
tu alles für, erwarte nichts vom Leben,
genug, gibt es sich selbst dir zum Entgelt.

Christian Morgenstern

Ich will dich unterweisen
und dir den Weg zeigen,
den du gehn sollst.
Ich will dich mit meinen Augen leiten.

Psalm 32, 8

Ich schenke euch ein neues Herz
und lege einen neuen Geist in euch.
Ich nehme das Herz von Stein aus eurer Brust
und gebe euch ein empfindsames Herz.
Ich lege meinen Geist in euch und bewirke,
dass ihr meinen Geboten folgt,
auf sie achtet und sie erfüllt.

Hesekiel 36, 26-27

Palmsonntag

Mildes, warmes Frühlingswetter!
Weh mich an, du laue Luft!
Allen Bäumen wachsen Blätter,
Veilchen senden süßen Duft.
In des alten Domes Hallen
hell und menschenreich der Pfad;
frohe Botschaft hör ich schallen,
dass der Liebeskönig naht.
Eilet, geht ihm doch entgegen,
wandelt mit ihm Schritt vor Schritt
auf den blutbesprengten Wegen
in dem Garten, wo er litt.
Habt ihr auch die Mär vernommen,
wie der Frühling mit ihm zieht
und im Herzen aller Frommen
süßes Wunder schnell erblüht?
Kinder stehen mit grünen Zweigen
um den heiligen Altar
und die Engel Gottes neigen
sich herab zur Kinderschar.
Blüht empor, ihr Himmelsmaien,
Psalmen, blüht aus meiner Brust,
Christi Wege zu bestreuen,
der euch hegt in Lieb' und Lust.

Max von Schenkendorf

Kommunion/Konfirmation

Die Weisung des Herrn ist vollkommen,
sie erquickt den Menschen.
Das Gesetz des Herrn ist verlässlich,
den Unwissenden macht es weise.
Die Befehle des Herrn sind richtig,
sie erfreuen das Herz.
Das Gebot des Herrn ist lauter,
es erleuchtet die Augen.
Die Furcht des Herrn ist rein
und bleibt ewig.
Die Rechte des Herrn sind die Wahrheit,
allesamt gerecht.
Sie sind köstlicher als Gold
und viel feines Gold,
sie sind süßer als Honig
und Honigseim.

Psalm 19, 8-11

Singt miteinander Psalmen
und lobt den Herrn mit Liedern,
wie sie euch sein Geist schenkt.
Singt und jubelt aus vollem Herzen!
Und immer gilt: Im Namen unseres Herrn
Jesus Christus dankt Gott, dem Vater,
zu jeder Zeit, überall und für alles!

Epheser 5, 19-20

Freu dich innig am Herrn!
Dann gibt er dir, was dein Herz begehrt.
Befiehl dem Herrn deinen Weg
und vertrau ihm; er wird es fügen.

Psalm 37, 4-5

Zum Geburtstag
Der Juni kam. Lind weht die Luft.
Geschoren ist der Rasen.
Ein wonnevoller Rosenduft
dringt tief in alle Nasen.

Manch angenehmes Vögelein
sitzt flötend auf den Bäumen,
indes die Jungen, zart und klein,
im warmen Neste träumen.

Flugs kommt denn auch dahergerennt,
schon früh im Morgentaue,
mit seinem alten Instrument
der Musikant, der graue.

Im Juni, wie er das gewohnt,
besucht er einen Garten,
um der Signora, die da thront,
mit Tönen aufzuwarten.

Er räuspert sich, er macht sich lang,
er singt und streicht die Fiedel,
er singt, was er schon öfter sang;
du kennst das alte Liedel.

Und wenn du gut geschlafen hast
und lächelst hold hernieder,
dann kommt der Kerl, ich fürchte fast,
zum nächsten Juni wieder.

Wilhelm Busch

Je älter man wird,
je hastiger tritt sie einem auf die Hacken,
die Zeit, die so genannte.

Wilhelm Busch

Zu spät, mein Lieber!
Der Namenstag ist
längst vorüber.

Wilhelm Busch

Geburtstag/Namenstag

Wenn in süßem Frieden
wieder uns erscheint
auf dem Weg hienieden
wie ein lieber Freund
jener Tag der Wonne,
da du einst erblickt
dieses Lebens Sonne,
sind wir reich beglückt,
weihen dir in Liebe
diese Wünsche rein,
unsres Herzens Triebe
stimmen laut mit ein.

Aus dem 19. Jahrhundert

Lass, o Beste, heut am Feste,
wo sich alles freuet,
dir gefallen auch mein Lallen,
das dir Wünsche weihet.
Glück und Freuden, niemals Leiden,
möge Gott dir geben!
Immer heiter, walle weiter
durch das schöne Leben!

Aus dem 19. Jahrhundert

Der Freundin zum Namenstag

Heut an deinem Namenstage
wünsche ich das Beste dir,
dass dein Herz stets für mich schlage,
(liebe Petra), wünsch ich mir!
Könntest du ins Herz mir blicken,
meine heiße Liebe sehn,
oh, ich würd, dich zu beglücken,
gerne alle Wege gehn!
Mögen noch der Tage viele
glücklich uns beisammen sehn
und wir hin zum schönen Ziele
Hand in Hand verschlungen gehn!

Unbekannter Verfasser, 19. Jahrhundert

Geburtstag/Namenstag

Brech der lustige Sonnenschein
mit der Tür euch ins Haus hinein,
dass alle Stuben so frühlingshelle;
ein Engel auf des Hauses Schwelle
mit seinem Glanze säume
Hof, Garten, Feld und Bäume
und geht die Sonne abends aus,
führ er die Müden mild nach Haus!

Joseph von Eichendorff

Kummer, sei lahm! Sorge, sei blind!
Es lebe das Geburtstagskind!

Theodor Fontane

Lasset die vollen Gläser erklingen,
ein Lebehoch dem Freund zu bringen:
Schenket noch mal die Gläser voll,
trinket auf des Freundes Wohl!

Aus dem 19. Jahrhundert

Geburtstag/Namenstag

Gratulation
Aus der Ferne
diesen Wunsch:
Glückliche Sterne
und guten Punsch!

Jene für immer,
diesen für heut –
und nimm nichts schlimmer,
als Gott es beut.

Raffe dich, sammle dich,
eins, zwei, drei,
und verrammle dich
gegen Hirnschlepperei.

Brich, was nicht halten will,
brich es entzwei!
Aber hältst du still –
ist es vorbei.

Theodor Fontane

Geburtstagsgruß im Frühling
Im Garten blühn schon ein Weilchen
Schneeglöckchen, Krokus und
Veilchen.
Da hab ich mich nicht lang bedacht
und ein schönes Sträußchen
zurechtgemacht;
das bring ich dir zum Geburtstagsfest.
Der Frühling dich schön grüßen lässt.
Er sagt: Mit allem Sonnenschein
kehrt er so gerne bei dir ein,
damit dein neues Lebensjahr
sei sonnig, hell und klar.

Theodor Fontane

O Glück! Der Tag ist wieder da,
wo dich zuerst die Sonne sah!
Ich fei're ihn mit frohem Dank
und preise ihn mit Festgesang!

Aus dem 19. Jahrhundert

Der Bäcker bringt dir Kuchenbrot,
der Schneider einen Mantel rot.
Der Kaufmann schickt dir, weiß und
nett,
ein Puppenkleid, ein Puppenbett
und schickt auch eine Schachtel rund
mit Schäfer und mit Schäferhund,
mit Hürden, Bäumchen, paarweis je,
und mit sechs Schafen, weiß wie
Schnee,
und eine Lerche, tirili,
seit Sonnenaufgang hör ich sie.
Sie singt und schmettert, was sie mag,
zu meines Lieblings Namenstag.

Theodor Fontane

Trunken müssen wir alle sein!
Jugend ist Trunkenheit ohne Wein;
trinkt sich das Alter wieder zu Jugend,
so ist es wundervolle Tugend.
Für Sorgen sorgt das liebe Leben
und Sorgenbrecher sind die Reben.

Johann Wolfgang von Goethe

Geburtstag/Namenstag

Geburtstag/Namenstag

Durch Stolpern kommt man bisweilen weiter;
man muss nur nicht fallen und liegen bleiben.

Johann Wolfgang von Goethe

Weißt du, worin der Spaß des Lebens liegt?
Sei lustig! – geht es nicht, so sei vergnügt.

Johann Wolfgang von Goethe

Seid, geliebte kleine Lieder,
Zeugen meiner Fröhlichkeit;
ach, sie kömmt gewiss nicht wieder,
dieser Tage Frühlingszeit.

Johann Wolfgang von Goethe

Der Strauß, den ich gepflücket,
grüßt dich vieltausendmal!
Ich hab mich oft gebücket,
ach, wohl eintausendmal
und ihn ans Herz gedrücket
vielhunderttausendmal!

Johann Wolfgang von Goethe

Keine Kunst ist's, alt zu werden,
es ist Kunst, es zu ertragen.
Johann Wolfgang von Goethe

Kein Harren gilt, noch Hoffen!
Frisch vorwärts! Unverzagt!
Mir steht die Welt noch offen:
Wohlan, es sei gewagt!

Und wird's auch nie errungen,
wonach mein Geist gestrebt,
so hab ich doch gesungen,
geliebet und gelebt.
Hoffmann von Fallersleben

Wer andere kennt, ist klug,
wer sich selbst kennt, ist erleuchtet.
Wer andere überwindet, hat Stärke,
wer sich selbst überwindet, ist mächtig.
Wer Genügsamkeit kennt, ist reich,
wer mächtig fortschreitet, hat Willen.
Wer seinen Platz nicht verliert, dauert fort,
wer stirbt und doch nicht untergeht, lebt lange.
Laotse

Geburtstag/Namenstag

Wer im zwanzigsten Jahr nicht schön,
im dreißigsten nicht stark,
im vierzigsten nicht klug,
im fünfzigsten nicht reich ist,
der darf danach nicht hoffen.

Martin Luther

Iss, was gar ist,
trink, was klar ist,
red, was wahr ist.

Martin Luther

Die Wunschlosigkeit
glücklicher Menschen
kommt von der Windstille
der Seele, die ihnen
das Glück geschenkt hat.

François La Rochefoucauld

Frage nicht, was das Geschick
morgen wird beschließen;
unser ist der Augenblick,
lass uns den genießen!

Friedrich Rückert

Das Leben ist ein Raub,
das Leben eine Beute:
Wer weiß, wer's morgen nimmt!
Wer's hat, genieß es heute!

Friedrich Rückert

Liebe ward von Gott der Welt verliehen,
um zu Gott die Seelen zu erziehen.

Friedrich Rückert

Es blüht ein Weinstock und er trägt Reben
und aus den Reben quillt edler Wein.
Drum sag ich's noch einmal:
Schön sind die Jugendjahr', schön ist die Jugend,
sie kommt nicht mehr.

Volkslied

Nicht der Mensch hat am meisten gelebt, welcher die höchsten Jahre zählt, sondern derjenige, welcher sein Leben am meisten empfunden hat.

Friedrich Rückert

Geburtstag/Namenstag

Zum Geburtstag der Frau Griesbach

Mach auf, Frau Griesbach! Ich bin da
und klopf an deine Türe.
Mich schickt Papa und die Mama,
dass ich dir gratuliere.

Ich bringe nichts als ein Gedicht
zu deines Tages Feier,
denn alles, wie die Mutter spricht,
ist so entsetzlich teuer.

Sag selbst, was ich dir wünschen soll,
ich weiß nichts zu erdenken.
Du hast ja Küch' und Keller voll,
nichts fehlt in deinen Schränken.

Es wachsen dir fast auf den Tisch
die Spargeln und die Schoten,
die Stachelbeeren blühen frisch
und so die Reineclauden.

Bei Stachelbeeren fällt mir ein:
Die schmecken gar zu süße
und wenn sie werden zeitig sein,
so sorge, dass ich's wisse.

Viel fette Schweine mästest du
und gibst den Hühnern Futter.
Die Kuh im Stalle ruft muh, muh!
Und gibt dir Milch und Butter.

Es haben alle dich so gern,
die Alten und die Jungen
und deinem lieben, braven Herrn
ist alles wohl gelungen.

Du bist wohlauf, Gott Lob und Dank!
Musst's auch fein immer bleiben;
du, höre, werde ja nicht krank,
dass sie dir nichts verschreiben.

Nun lebe wohl! Ich sag Ade.
Gelt, ich war heut bescheiden?
Doch könntest du mir, eh ich geh,
'ne Buttermemme schneiden?

Friedrich von Schiller

Nicht in die ferne Zeit verliere dich –
den Augenblick ergreife, der ist dein.

Friedrich von Schiller

Geburtstag/Namenstag

Alles Gute wünsch ich dir!
Deine Liebe schenke mir.

Volksgut

Manche Zeit wird uns entrissen,
manche gestohlen,
manche verrinnt einfach.
Am schändlichsten ist jedoch
ein Verlust, der durch
Nachlässigkeit entsteht.

Seneca

Jeder Tag mag so gestaltet werden,
als ob er die Reihe der Tage beende
und das Leben restlos erfülle.
Wenn Gott uns dazu noch das Morgen schenkt,
so wollten wir es frohen Herzens hinnehmen.

Seneca

Geburtstag/Namenstag

Lange noch genießen Sie Ihr Leben,
schön und ungetrübt sei stets Ihr
Glück
und von reiner Freude Saft umgeben
sei ein jeder Lebensaugenblick.

Verfasser unbekannt

Wenn du sehr alt werden willst,
musst du beizeiten anfangen.

Spanisches Sprichwort

Und wer im Januar geboren ist,
steh auf, steh auf, steh auf.
Er nehme sein Gläschen an den Mund
und trinke es aus bis auf den Grund.
Trink aus, trink aus, trink aus,
trink aus, trink aus, trink aus.

Volkstümliches Spiellied

Mein kleines Herz,
mein kleiner Mund
wünscht dir viel Glück
zu jeder Stund!

Verfasser unbekannt

Nimm von mir die kleine Gabe,
die ich selbst gebastelt habe,
und den kleinen Wunsch dabei,
dass dir Gott viel Glück verleih.

Volksgut

Ich gratuliere schön.
Noch lange sollst du leben,
stets Englein dich umgeben –
und nun – nimm noch zum Schluss
der Liebe heißen Kuss!

Verfasser unbekannt

Zum Geburtstag des Oheims Schmid

Wohl hat der Frühling seine Feste,
die Jugend hat ihr freudig Spiel,
doch auch der Herbst hat frohe Gäste,
sein Fest hat jedes Lebensziel.

Wir fühlen's heut und nicht vergebens
verbindet sich am schönsten Tag
des Jahres Herbst, der Herbst des Lebens
zu einem freundlichen Gelag'.

Die Sonne strahlt im milden Lichte,
in leichtem Dufte ruht das Tal,
die Rebe spendet ihre Früchte,
der Baum die seinen unsrem Mahl.

Und er, um den wir uns vereinen,
wie glänzt ihm heut ein heitrer Stern!
Er ist gesegnet von den Seinen,
er ist gesegnet von dem Herrn.

Ludwig Uhland

Spezielle Geburtstagswünsche

Du liebe, gute Großmama,
wie bin ich dir so gut!
Leb lange fröhlich und gesund,
hab immer guten Mut.
Bin ich erst groß, dann sollst du lachen,
da schenke ich dir viel schöne Sachen!

Aus dem 19. Jahrhundert

Viel Glück, mein lieber Großpapa,
zu deinem Wiegenfest!
Ich bitte Gott, dass lange noch
er dich am Leben lässt,
dich froh erhält, dir guten Mut
und frische Kräfte gibt,
dass deinen Lebensabend nicht
das kleinste Wölkchen trübt.

Aus dem 19. Jahrhundert

Unsre Oma, wunderbar,
sie wird heute 70 Jahr'.
Gesundheit, Glück und Lebensfreude
wünschen wir ihr nicht nur heute.
Ab morgen freun sich alle Gäste
aufs nächste runde Wiegenfeste.

Verfasser unbekannt

Ich sag's frei raus, ohne Trara,
ich hab die allertollste Ma.
Und wünsche ihr zum Wiegenfeste
nur das Aller-, Allerbeste!

Volksgut

Blumen bringt dein Töchterlein,
mögst gesund und glücklich sein.

Volksgut

Muttergruß aus dem Internat
Obgleich kein Gruß, obgleich kein Brief von mir
so lang dir kommt, lass keinen Zweifel doch
ins Herz, als wär die Zärtlichkeit des Sohns,
die ich dir schuldig bin, aus meiner Brust
entwichen. Nein, so wenig als der Fels,
der tief im Fluss vor ew'gem Anker liegt,
aus seiner Stätte weicht, obgleich die Flut
mit stürmischen Wellen bald, mit sanften bald
darüber fließt und ihn dem Aug' entreißt,
so wenig weicht die Zärtlichkeit für dich
aus meiner Brust, obgleich des Lebens Strom,
von Schmerzen gepeitscht bald, stürmend drüberfließt,
und von der Freude bald gestreichelt, still
sie deckt, und sie verhindert, dass sie nicht
ihr Haupt der Sonne zeigt, und ringsumher
zurückgeworf'ne Strahlen trägt und dir
bei jedem Blicke zeigt, wie dich dein Sohn verehrt.
Johann Wolfgang von Goethe

Spezielle Geburtstagswünsche

Mein Väterchen, du liebes, gutes,
sei immerdar recht frohen Mutes,
behalte lieb mich immerdar,
auch im neuen Lebensjahr.

Volksgut

Zum heutigen frohen Feste
wünsch ich von Herzen dir
das Schönste und das Beste
und deine Liebe mir.
Nimm meinen Wunsch
aus reinem Sinn
und treuer Liebe freundlich hin!

Volksgut

Der kleine Geburtstagsbote

Als kleiner Bote bin ich 'kommen,
Mama, ich bring dir Gruß und Kuss.
Hab alles ordentlich vernommen,
was ich dir jetzt vermelden muss.
Papa, der hat's mir aufgetragen,
weil heute dein Geburtstag ist.
Ich soll's dir ganz ernstlich sagen,
dass du sein liebstes Schätzchen bist.
Und dass dir Gott soll ferner geben
Gesundheit, Kraft und frohen Sinn
und uns erhalten lang dein Leben
bis in das höchste Alter hin.
Und dass du lieben sollst uns beide
nach Herzenslust jahraus, jahrein
und dass ich selber dir zur Freude
soll fröhlich wachsen und gedeihn.
So hat's Papa mir aufgetragen
und nur ein Einziges weiß ich noch,
das will ich von mir selber sagen:
Mama soll leben! Vivat hoch!

Aus „Der Gelegenheitsdichter", 19. Jahrhundert

Spezielle Geburtstagswünsche

Guten Morgen, Großmama (Großpapa)!
Froh ist heut dein Enkel da,
bringet dir mit Hand und Kuss
heute den Geburtstagsgruß.
Nimm ihn doch recht freundlich an,
denn ich gebe, was ich kann.
Hätt ich Bessres, gäb ich's dir,
Großmama (Großpapa), das glaube mir!

Verfasser unbekannt

Gott grüßt dich heute, mein Papa,
dein Festtag ist erschienen,
die Sonne steht so golden da,
soll dir zur Freude dienen!

Volksgut

An die Tante

Einen Wunsch voll Zärtlichkeit
bring ich, beste Tante, heut
dir als Gabe dar:
Stets umschweb dich Heiterkeit,
Freude und Zufriedenheit
in deinem neuen Lebensjahr.

Volksgut

Geburtstag eines Schulfreundes

Kannst du eigentlich ermessen,
welch ein guter Freund du mir?
Solltest du das je vergessen,
wär das gar nicht nett von dir.
Drum tu ich mich jetzt nicht genieren
und dir recht herzlich gratulieren.

Volksgut

Zufriedenheit und froher Mut
sind dieses Lebens höchstes Gut;
das andre kommt und flieht dahin,
die Wolken fort am Himmel ziehn.
Fern sei dein Ziel, die Freude nah,
leb lang noch, liebe Großmama!
(leb lang noch, lieber Großpapa!)

Verfasser unbekannt

Runde Geburtstage

Reue
Die Tugend will nicht immer passen,
im Ganzen lässt sie etwas kalt.
Und dass man eine unterlassen,
vergisst man bald.

Doch schmerzlich denkt manch alter Knaster,
der von vergangnen Zeiten träumt,
an die Gelegenheit zum Laster,
die er versäumt.

Wilhelm Busch

Da kommt mir eben so ein Freund
mit einem großen Zwicker.
Ei, ruft er, Freundchen, wie mir scheint,
Sie werden immer dicker.

Ja, ja, man weiß oft selbst nicht wie,
so kommt man in die Jahre;
pardon, mein Schatz, hier haben Sie
schon eins, zwei graue Haare!

Hinaus, verdammter Kritikus,
sonst schmeiß ich dich in Scherben.
Du Schlingel willst mir den Genuss
der Gegenwart verderben!

Wilhelm Busch

Nur mit großer Traurigkeit
bleibt er vor dem Spiegel stehn,
um sein Bildnis zu besehn.

Wilhelm Busch

Rotwein ist für alte Knaben
eine von den besten Gaben.

Wilhelm Busch

Der alte Junge ist gottlob
noch immer äußerst rührig;
er lässt nicht nach, er tut als ob,
wennschon die Sache schwierig.

Wie wonnig trägt er Bart und Haar,
wie blinkt der enge Stiefel
und bei den Damen ist er gar
ein rechter böser Schliefel.

Beschließt er dann des Tages Lauf,
so darf er sich verpusten,
setzt seine Zipfelkappe auf
und muss ganz schrecklich husten.

Wilhelm Busch

Wohl ehedem, da trank des Weines
auch ich mein Teil, und zwar kein kleines.
Nun aber muss ich mich bequemen,
das Ding mehr objektiv zu nehmen,
um, still verborgen hinterm Zaun,
wenn andre trinken, zuzuschaun.
Und wahrlich. Wenn man fünfund-
fünfzig,
dann ist es Zeit, dass die Vernunft sich
vernehmen lässt und weise spricht:
„Hör, Alter! Das bekömmt dir nicht!"
Auch spürt man, dass man gar nicht
mehr
so liebenswürdig wie vorher. –
Da ich denn also fürderhin
zur Zierde nicht zu brauchen bin
und wäre nur wie dürres Reisig
im frischen Kranz der fünfunddreißig,
und weil mein Saitenspiel schon staubig,
so seh ich, fühl ich, denk ich, glaub ich,
es ist für mir das weitaus Beste,
ich bleib von diesem Jubelfeste,
von Fass und Spaß und Glas und Nass
zu Haus mit meinem Brummelbass!

Wilhelm Busch

Runde Geburtstage

Ehedem, getreu und fleißig,
tat er manchen tiefen Zug.
Erst nachdem er einmal dreißig
sprach er: Jetzo sei's genug!

Von den Taten, wohl vollbrungen,
liebt das Alter auszuruhn,
und nun ist es an den Jungen,
gleichfalls ihre Pflicht zu tun.

Wilhelm Busch

Als ich in Jugendtagen
noch ohne Grübelei,
da meint ich mit Behagen,
mein Denken wäre frei.

Seitdem hab ich die Stirne
oft auf die Hand gestützt
und fand, dass im Gehirne
ein harter Knoten sitzt.

Mein Stolz, der wurde kleiner,
ich merkte mit Verdruss:
Es kann doch unsereiner
nur denken, wie er muss.

Wilhelm Busch

Also hat es dir gefallen
hier in dieser schönen Welt,
sodass das Vondannenwallen
dir nicht sonderlich gefällt.

Lass dich das doch nicht verdrießen.
Wenn du wirklich willst und meinst,
wirst du wieder aufersprießen;
nur nicht ganz genau wie einst.

Aber, Alter, das bedenke,
dass es hier doch manches gibt,
zum Exempel Gicht und Ränke,
was im Ganzen unbeliebt.

Wilhelm Busch

Runde Geburtstage

Alt werden selbst des Königs schöne Wagen
und auch der Körper unterliegt dem Alter;
nicht unterliegt ihm nur
der Guten Tugend – dies künden
samt und sonders uns die Guten.

Buddhistische Weisheit

Ein fröhliches Gemüt
macht ein blühend Alter;
ein trauriger Geist
vertrocknet die Gebeine.

Sprüche Salomons

Am Wegrand steht ein alter Baum.
Der ist verdorrt seit vielen Tagen.
Sein Kern ist schwarz, seit ihn der Blitz geschlagen.
Und doch erscheint noch frisch der Rinde Braun.
So gibt es viele, die ein Leid ertragen
und nichts davon in ihrem Äußern klagen.

Chinesische Weisheit

Der Jünglinge Frohlocken ist ihre Kraft;
und die Würde der Greise
ist ihr graues Haar.

Sprüche Salomons

Runde Geburtstage

Ein fröhliches Herz
erheitert das Angesicht;
ein trauriges Gemüt
schlägt nieder den Geist.

Sprüche Salomons

Gold und Lachen
können das Alter zur Jugend machen.

Talmud

Ihr Leute, groß und klein, ihr wisst,
dass heute unser Festtag ist
und dass wir feiern müssen.
So fangt nur gleich frühmorgens an
und bis die Stern' am Himmel stahn
und singt und springt und springt und
singt.

Denk heute niemand an Gefahr,
und ob wir über hundert Jahr'
den Tag noch feiern werden.
Wir haben ihn ja heute noch,
Gott sei gelobt! So braucht ihn doch
und macht uns heut das Herz nicht
krank und schwer.

Denn freilich! Alles Ding vergeht,
auch unser Festtag nicht besteht,
er wird uns endlich fehlen.
Doch nicht so bald – fleht und hofft,
er soll noch wiederkommen oft,
soll oft noch wiederkommen!!!

Matthias Claudius

Courage ist gut, Ausdauer ist besser.

Theodor Fontane

Es hilft uns kein Gedeutel,
so nimm es, wie es fällt:
Der eine hat den Beutel,
der andre hat das Geld.
Es lässt sich nichts erklopfen:
Der eine hat den Wein,
der andre hat die Pfropfen.
Man muss zufrieden sein!

Theodor Fontane

Am guten Alten
in Treue halten;
am kräftigen Neuen
sich stärken und freuen,
wird niemand gereuen.

Emanuel Geibel

So nehmet auch den schönsten Krug,
den wir mit frischem Trunk gefüllt,
ich bring ihn zu und wünsche laut,
dass er nicht nur den Durst euch stillt:
Die Zahl der Tropfen, die er hegt,
sei euren Tagen zugelegt.

Johann Wolfgang von Goethe

Runde Geburtstage

Ei, bin ich denn darum achtzig Jahre alt geworden,
dass ich immer dasselbe denken soll?
Ich strebe vielmehr täglich, etwas Anderes,
Neues zu denken, um nicht langweilig zu werden.
Man muss sich immerfort verändern, erneuern,
verjüngen, um nicht zu verstocken.

Johann Wolfgang von Goethe

Weite Welt und breites Leben,
langer Jahre redlich Streben,
stets geforscht und stets gegründet,
nie geschlossen, oft geründet,
Ältestes bewahrt mit Treue,
freundlich aufgefasstes Neue,
heitern Sinn und reine Zwecke:
Nun, man kommt wohl eine Strecke!

Johann Wolfgang von Goethe

Das Alter ist ein höflich' Mann:
Einmal übers andre klopft er an,
aber nun sagt niemand: Herein!
Und vor der Türe will er nicht sein,
da klingt er auf, tritt ein so schnell
und nun heißt's, er sei ein grober Gesell.

Johann Wolfgang von Goethe

Vierzig Jahre sind das Alter der
Jugend,
fünfzig die Jugend des Alters.

Victor Hugo

Es ist der Mühe wert, lange zu leben
und die mancherlei Pein zu ertragen,
die ein unerforschlich waltendes
Geschick in unsere Tage mischt,
wenn wir zuletzt über uns selbst
durch andere aufgeklärt werden
und das Problem unseres Strebens
und Irrens sich in der
Klarheit der Wirkungen auflöst,
die wir hervorgebracht haben.

Johann Wolfgang von Goethe

Es ist sichtbar ein Vorzug des Alters,
den Dingen der Welt ihre materielle
Schärfe und Schwere zu nehmen
und sie mehr in das innere Licht
der Gedanken zu stellen,
wo man sie in größerer,
immer beruhigender
Allgemeinheit übersieht.

Wilhelm von Humboldt

Der Jugend wird oft der Vorwurf
gemacht, sie glaube immer,
dass die Welt mit ihr erst anfange.
Wahr. Aber das Alter glaubt noch öfter,
dass mit ihm die Welt aufhöre.
Was ist schlimmer?

Friedrich Hebbel

Das Schlimmste, was uns widerfährt,
das werden wir vom Tag gelehrt.
Wer in dem Gestern Heute sah,
dem geht das heut nicht allzu nah.
Und wer im Heute sieht das Morgen,
der wird sich rühren, wird sich sorgen.

Johann Wolfgang von Goethe

Runde Geburtstage

Welche Freude, wenn es heißt:
Alter, du bist alt an Haaren,
blühend aber ist dein Geist.

Gotthold Ephraim Lessing

Des Menschen Alter:
Ein Kind vergisst sich selbst;
ein Knabe kennt sich nicht;
ein Jüngling acht' sich schlecht;
ein Alter nimmt Verdruss;
ein Greis wird wieder Kind –
was meinst du, was doch dies
für Herrlichkeiten sind.

Friedrich von Logau

Wie schade, dass so wenig Raum ist
zwischen der Zeit,
wo man zu jung ist, und der,
wo man zu alt ist!

Montesquieu

Alles fügt sich
und erfüllt sich,
musst es nur erwarten können
und dem Werden deines Glückes
Jahr und Felder reichlich gönnen.
Bis du eines Tages jenen
reinen Duft von Körnern spürst
und dich aufmachst
und die Ernte
in die tiefen Speicher fährst.

Christian Morgenstern

Lass ab dein' Klag
und hab in dem allen Geduld,
tröst' dich der Gottes Gnad und Huld,
der dir mancherlei Gab' hat gegeben:
Voraus auf Erd' so langes Leben,
das ist ein Gottes Gnad und Gab',
deshalb lass dein' Ungeduld ab,
trag frohmütig das Alter dein
mit all den Gebrechen sein.
Hast an Leib abgenommen du,
so hat dein Gemüt genommen zu
in Verstand, Bitten und Tugend;
darin übertriffst du die Jugend,
die sich in manches Unglück stürzt,
ihr oft das Leben selber kürzt.
Hast du gleich dein Unglück erlitten,
hast du doch ehrlich es durchstritten,
stehst wie ein triumphierend' Pferd.
Des ist dein Alter ehrenwert,
standhaft, lobwürdig und ganz adelig,
das erhalt mir fortan untadelig,
lass ab die Klage dein!

Hans Sachs

Sag selbst, was ich dir wünschen soll,
ich weiß nichts zu erdenken.
Du hast ja Küch' und Keller voll,
nichts fehlt in deinen Schränken.

Friedrich von Schiller

Fang jetzt an zu leben
und zähle jeden Tag als
ein Leben für dich.

Seneca

Spruch des Alters

Vergessen und vergessen werden! –
Wer lange lebt auf Erden,
der hat wohl diese beiden
zu lernen und zu leiden.

Dein jung' Genoss' in Pflichten
nach dir den Schritt tät richten.
Da kam ein andrer junger Schritt,
nahm deinen jungen Genossen mit.
Sie wandern nach dem Glücke,
sie schaun nicht mehr zurücke.

Theodor Storm

Wir wissen's, deine stille Seele,
sie teilt sich zwischen dort und hier;
wir alle fühlen, was ihr fehle,
was du verloren, verloren wir.
Die Teuern, die dahingeschieden,
sie winken dir zum schönern Land;
doch viele bleiben dir hienieden
und halten liebend deine Hand.
Dir lächeln viele heut entgegen,
die kaum erst deinen Wert verstehen:
o lass auch sie in deinem Segen
noch manches Jahr durchs Leben
gehen!
Mag auch dein Herz hinüberstreben,
o gönn' uns dich noch lange Zeit!
Denn flüchtig ist das längste Leben
und endlos ist die Ewigkeit.
Und in der irdischen Beschwerde
ist e i n e s doch, was göttlich flammt,
was an den Himmel knüpft die Erde:
die Liebe, die vom Himmel stammt!

Ludwig Uhland

Verlobung/Hochzeit

Einem Freunde zur Verlobung
Mein Freund, wo nehm ich Worte her,
ob dieser neuen Wundermär?
Ist's wirklich möglich, ist es wahr?
Mein Teurer! Oder träum ich gar?
Es wundert sich die ganze Stadt,
dass sich mein Freund entschlossen hat;
nach langer Jahre Einsamkeit
ist er zur Hochzeit jetzt bereit.
Bravissimo! Nicht mehr allein
will er in seinem Hause sein
und Trübsal blasen Tag und Nacht;
fürwahr, das hat er gut gemacht.
Der Mensch ist für die Lebenszeit
bestimmt zu der Geselligkeit,
geschaffen, um zu sein ein Paar,
wie's schon in Noahs Kasten war.
Was nützt dem Jüngling Gut und Geld?
Ihn ekelt an die ganze Welt,
er irrt auf ihr herum allein
und nichts mag dauerhaft ihn erfreun.
Kein Mensch teilt mit ihm Glück und Schmerz,
kein „Helf dir Gott" erfreut sein Herz,
wenn er in seiner Kammer niest
und alles öd und stille ist.
Drum sei dem Bräutigame Heil!
Er wählte sich das beste Teil.
Heil auch der Braut, so hold und zart,
mit der die Liebe ihn gepaart!
Kling hell, mein Lied, ertöne laut –
hoch lebe Bräutigam und Braut!
Gesundheit, Friede, Glück und Heil
werd' unserem lieben Paar zuteil.

Aus „Der Gelegenheitsdichter", 19. Jahrhundert

Zur Verlobung
Wie ist der Tag willkommen,
der heut uns freundlich lacht,
nun leuchtet klar die Sonne,
wo kurz vorher noch Nacht.
Und in das frohe Drängen
und in den Jubelsang
schleicht sich auch meiner Stimme
wohl bekannter Klang.
Nun habt ihr ja errungen
der Sehnsucht holden Preis,
nun ist es auch geheiligt,
was mancher stille weiß.
Der Eltern frohe Blicke
ist mehr als Lob der Welt
und stille, treue Liebe
weit mehr als Gut und Geld.
Und meine Wünsche werden
auch heute fröhlich laut:
euch Heil im schönsten Stande,
als Bräutigam und Braut!
Euch ewig schöne Stunden,
ein Leben voller Glück!
Und denkt in treuer Liebe
auch an den Freund zurück.

Volksgut, um 1900

Was die Liebe nicht bindet,
das ist schlecht gebunden,
und was die Treue nicht schirmt,
das beschirmt kein Eid.

Ernst Moritz Arndt

In der Ehe muss man einen unaufhörlichen Kampf gegen ein Ungeheuer führen, das alles verschlingt: die Gewohnheit.

Honoré de Balzac

Verlobung/Hochzeit

Die Liebe allein versteht das Geheimnis,
andere zu beschenken und dabei
selbst reich zu werden.

Clemens Brentano

Die Liebe war nicht geringe.
Sie wurden ordentlich blass;
sie sagten sich tausend Dinge
und wussten noch immer was.

Sie mussten sich lange quälen,
doch schließlich kam's dazu,
dass sie sich konnten vermählen.
Jetzt haben die Seelen Ruh'.

Wilhelm Busch

Ein Irrtum, welcher sehr verbreitet
und manchen Jüngling irreleitet,
ist der, dass Liebe eine Sache,
die immer viel Vergnügen mache.

Wilhelm Busch

Ein jeder kriegt, ein jeder nimmt
in dieser Welt, was ihm bestimmt.

Wilhelm Busch

Mit viel Liebe und viel Küssen
soll das Leben euch verfließen,
bis der schöne Tag erscheint,
der für immer euch vereint.

Volksmund

Wein herbei, denn zu vermelden
hab ich eine Neuigkeit:
Länger will ich nicht mehr hausen
wie seither als Jungesell.
Hier Angelika, die gute,
werde Madam Michael.

Wilhelm Busch

Liebe – sagt man schön und richtig –
ist ein Ding, was äußerst wichtig.
Nicht nur zieht man in Betracht,
was man selber damit macht,
nein, man ist in solchen Sachen
auch gespannt, was andre machen.

Wilhelm Busch

Ferne Berge seh ich glühen!
Unruhvoller Wandersinn!
Morgen will ich weiterziehen,
weiß der Teufel, wohin!

Ja, ich will mich nur bereiten,
will – was hält mich nur zurück?
Nichts wie dumme Kleinigkeiten!
Zum Exempel, dein Blick!

Wilhelm Busch

Hass, als Minus und vergebens,
wird vom Leben abgeschrieben.
Positiv im Buch des Lebens
steht verzeichnet nur das Lieben.
Ob ein Minus oder Plus
uns verblieben, zeigt der Schluss.

Wilhelm Busch

Die alte Sorge

Er kriegte Geld. Die Sorge wich,
die ihn bisher beklommen.
Er hat die Jungfer Fröhlich sich
zu seinem Schatz genommen.

Sie tranken Wein, sie aßen fein,
sie sangen zum Klaviere;
doch wie sie sich so recht erfreun,
da klopft es an die Türe.

Die alte Sorge war's, o weh,
die magerste der Sorgen.
Sie setzte sich ins Kanapee
und wünschte guten Morgen.

Wilhelm Busch

Verlobung/Hochzeit

Wärst du ein Bächlein, ich ein Bach,
so eilt' ich dir geschwinde nach.
Und wenn ich dich gefunden hätt
in deinem Blumenuferbett:
Wie wollt ich mich in dich ergießen
und ganz mit dir zusammenfließen,
du viel geliebtes Mädchen du!
Dann strömen wir bei Nacht und Tage
vereint in süßem Wellenschlage
dem Meere zu.

Wilhelm Busch

Er ist verliebt, lass ihn gewähren,
bekümmre dich um dein Pläsier
und kommst du gar, ihn zu bekehren,
wirft er dich sicher vor die Tür.

Mit Gründen ist da nichts zu machen.
Was einer mag, ist seine Sach',
denn kurz gesagt: In Herzenssachen
geht jeder seiner Nase nach.

Wilhelm Busch

Ihr kennt ihn doch schon manches Jahr,
wisst, was er für ein Vogel war;
wie er in allen Gartenräumen
herumgeflattert auf den Bäumen.
Wie er die hübschen roten Beeren,
die andern Leuten zugehören,
mit seinem Schnabel angepickt
und sich ganz lasterhaft erquickt.

Nun hat sich dieser böse Näscher,
Gardinenschleicher, Mädchenhäscher,
der manchen Biedermann gequält,
am Ende selber noch vermählt.

Nun legt er seine Stirn in Falten,
fängt eine Predigt an zu halten
und möchte uns von Tugend schwatzen.

Ei, so ein alter Schlingel! Kaum
hat er 'nen eignen Kirschbaum,
so schimpft er auf die Spatzen.

Wilhelm Busch

Scheu und treu

Er liebte sie in aller Stille,
bescheiden, schüchtern und von fern
schielt er nach ihr durch seine Brille
und hat sie doch so schrecklich gern.

Ein Mücklein, welches an der Nase
des schönen Kindes saugend saß,
ertränkte sich in seinem Glase.
Es schmeckte ihm fast wie Ananas.

Sie hatte Haare wie 'ne Puppe,
so unvergleichlich blond und kraus.
Einst fand er eines in der Suppe
und zog es hoch beglückt heraus.

Er rollte es auf zu einem Löckchen,
hat's in ein Medaillon gelegt.
Nun hängt es unter seinem Röckchen,
da, wo sein treues Herze schlägt.

Wilhelm Busch

Sie hat nichts und du desgleichen;
dennoch wollt ihr, wie ich sehe,
zu dem Bund der heil'gen Ehe
euch bereits die Hände reichen.

Kinder, seid ihr denn bei Sinnen?
Überlegt euch das Kapitel!
Ohne die gehör'gen Mittel
soll man keinen Krieg beginnen.

Wilhelm Busch

O wie lieblich, o wie schicklich,
sozusagen herzerquicklich,
ist es doch für eine Gegend,
wenn zwei Leute, die vermögend,
außerdem mit sich zufrieden,
aber von Geschlecht verschieden,
wenn nun diese, sage ich ihre
dazu nötigen Papiere
sowie auch die Haushaltssachen
endlich mal in Ordnung machen
und in Ehren und beizeiten
hin zum Standesamte schreiten,
wie es denen, welche lieben,
vom Gesetze vorgeschrieben,
dann ruft jeder freudiglich:
Gott sei Dank! Sie haben sich!

Wilhelm Busch

Verlobung/Hochzeit

Ratsam ist und bleibt es immer
für ein junges Frauenzimmer,
einen jungen Mann sich zu erwählen
und womöglich zu vermählen.
Erstens: will es so der Brauch.
Zweitens: will man's selber auch.
Drittens: man bedarf der Leitung
und der männlichen Begleitung,
weil bekanntlich manche Sachen,
welche große Freude machen,
Mädchen nicht allein verstehn;
als da ist: ins Wirtshaus gehn.

Wilhelm Busch

Hier schoss Amor gold'ne Pfeile
und sein Bruder knüpft das Band.
Und ich seh die Götter nieder-
steigen mit der Scherze Chor
und ich singe Glückeslieder
und ich blicke froh empor,
Liebesleben, Glückesbande,
langes Leben, ew'ges Fest!
Tauben durch des Friedens Lande,
viele Jungen in das Nest!
Immer froh und ohne Sorgen!
Alles, alles muss gedeihn
und ihr sollt mit jedem Morgen
glücklicher und jünger sein.

Adelbert von Chamisso

Das Glück ist die Liebe,
die Lieb' ist das Glück.
Ich hab es gesagt und nehm's nicht zurück.

Adelbert von Chamisso

Liebe ist kein Solo,
Liebe ist ein Duett.
Schwindet sie bei einem,
verstummt das Lied.

Adelbert von Chamisso

Nichts ist zu schwer
für den, der liebt.

Cicero

Das Lieseli sieht freundlich aus,
will morgen Hochzeit machen,
ein Engel Gottes soll ihr Haus
und ihren Hof bewachen.

Soll ihren guten Mann und sie
ein Leben lang bewachen
und's liebe, fromme Lieseli
und ihn recht glücklich machen;

und soll euch liebe Kinderlein
in Hüll' und Fülle geben,
von Herzen zart und fromm und rein
und hold und schön daneben.

Matthias Claudius

Wenn zwei Töne sind symphonisch,
klingt's zusammen hell und rein:
Zwei Naturen, die harmonisch,
wirken aufeinander ein.

Chinesische Weisheit

Verlobung/Hochzeit

Die Liebe hemmet nichts;
sie kennt nicht Tor noch Riegel
und dringt durch alles sich;
sie ist ohn' Anbeginn, schlug ewig ihre Flügel
und schlägt sie ewiglich.

Matthias Claudius

Ein Augenblick der Geduld
kann vor großem Unheil bewahren,
ein Augenblick der Ungeduld
ein ganzes Leben zerstören.

Chinesische Weisheit

Der Mensch hat nichts so eigen,
so wohl steht ihm nichts an,
als dass er Treu erzeigen
und Freundschaft halten kann;
wenn er mit seinesgleichen
soll treten in ein Band,
verspricht sich, nicht zu weichen,
mit Herzen, Mund und Hand.
Was kann die Freude machen,
die Einsamkeit verhehlt?
Das gibt ein doppelt' Lachen,
was Freunden wird erzählt.
Der kann sein Lied vergessen,
der es von Herzen sagt;
der muss sich selbst auffressen,
der insgeheim sich nagt.

Simon Dach

Wenn eines Menschen Seele du gewonnen
und in sein Herz hast tief hineingeschaut
und ihn befunden eines klaren Bronnen,
in dessen Flut der reine Himmel blau:
Lass deine Zuversicht durch nichts dir rauben
und trage lieber der Enttäuschung Schmerz,
als dass du grundlos ihm entziehest den Glauben! –
Kein größer Glück als ein vertrauend' Herz.

Felix Dahn

Das Glück wohnt nicht im Besitze
und nicht im Golde;
das Glücksgefühl
ist in der Seele zu Hause.

Demokrit

Schläft ein Lied in allen Dingen,
die da träumen fort und fort,
und die Welt hebt an zu singen,
triffst du nur das Zauberwort.

Joseph von Eichendorff

Wie geht's nur an,
dass man so lieb es haben kann,
was liegt darin? Erzähle!
Es liegt darin ein wenig Klang,
ein wenig Wohllaut und Gesang
und eine ganze Seele.

Marie von Ebner-Eschenbach

Was das für ein Gezwitscher ist!
Durchs Blau die Schwalben zucken
und schrein: Sie haben sich geküsst!
Vom Baum Rotkehlchen gucken.
Der Storch stolziert auf einem Bein:
Da muss ich fischen gehen.
Der Abend wie im Traum darein
schaut von den stillen Höhen.

Joseph von Eichendorff

In meinem Garten find ich
viel' Blumen, schön und fein,
viel' Kränze wohl daraus wind ich
und tausend Gedanken bind ich
und Grüße mit darein.

Joseph von Eichendorff

Man denkt und wieder denkt man
an die, die man verehrt,
und kehrt doch immer
zu seiner ersten Liebe zurück.

Charles Guillaume Etienne

Zeiten gibt es, da des Glücks zu viel,
und Zeiten, da es zu wenig.
Tage gibt es, da du Bettler bist,
und Stunden, in denen du König.

Cäsar Flaischlen

Die Liebe ist die Quelle aller Gewissheit,
aller Wahrheit, aller Realität.

Johann Gottlieb Fichte

Sein Herz zu verlieren ist die beste Art,
zu entdecken, dass man eines hat.

Fliegende Blätter

Die Liebe lebt von
liebenswürdigen Kleinigkeiten
und wer sich eines Frauenherzens
dauernd versichern will,
der muss immer neu darum werben,
der muss die Reihe der Aufmerksamkeiten
allstündlich wie einen Rosenkranz abbeten.
Und ist er fertig damit,
so muss er von neuem anfangen.

Theodor Fontane

Das Glück, kein Reiter wird's erjagen,
es ist nicht dort und ist nicht hier.
Lern überwinden, lern entsagen
und ungeahnt erblüht es dir.

Theodor Fontane

Die Liebe gleicht dem April:
bald Frost, bald fröhliche Strahlen,
bald Blüten in Herzen und Talen,
bald stürmisch und bald still,
bald heimliches Ringen und Dehnen,
bald Wolken, Regen und Tränen;
im ewigen Schwanken und Sehnen,
wer weiß, was werden will!

Emanuel Geibel

Liebe, die von Herzen liebt,
ist am reichsten, wenn sie gibt.
Liebe, die von Opfern spricht,
ist die rechte Liebe nicht.

Emanuel Geibel

Ehespruch

Das ist die rechte Ehe,
wo zweie sind gemeint,
durch alles Glück und Wehe
zu pilgern treu vereint:
Der eine Stab des andern
und liebe Last zugleich,
gemeinsam Rast und Wandern,
und Ziel das Himmelreich.

Emanuel Geibel

Willst du glücklich sein im Leben,
trage bei zu andrer Glück.
Denn die Freude, die wir geben,
kehrt ins eigne Herz zurück.

Johann Wolfgang von Goethe

Da war's um ihn geschehn:
Halb zog sie ihn, halb sank er hin
und ward nicht mehr gesehn.

Johann Wolfgang von Goethe

Verlobung/Hochzeit

Lust und Liebe sind die Fittiche
zu großen Taten.
Johann Wolfgang von Goethe

Verlobungszeit ist die schönste Zeit;
Liebe wächst und Gemeinsamkeit.
Wir wünschen, dass ihr stets findet,
was immer fester euch zusammenbindet!
Johann Wolfgang von Goethe

Wenn dir's im Kopf und Herzen schwirrt,
was willst du Bessres haben!
Wer nicht mehr liebt und nicht mehr irrt,
der lasse sich begraben.
Johann Wolfgang von Goethe

Woher sind wir geboren?
Aus Lieb'.
Wie wären wir verloren?
Ohne Lieb'.
Was hilft uns überwinden?
Die Lieb'.
Kann man auch Liebe finden?
Durch Lieb'.
Was soll uns stets vereinen?
Die Lieb'.
Johann Wolfgang von Goethe

Liebhaber in allen Gestalten
Ich wollt, ich wär ein Fisch,
so hurtig und frisch;
und kämst du zu angeln,
ich würde nicht mangeln.
Ich wollt, ich wär ein Fisch,
so hurtig und frisch.
Ich wollt, ich wäre Gold,
dir immer im Sold;
und tätst du was kaufen,
käme ich wieder gelaufen.
Ich wollt, ich wäre Gold,
dir immer im Sold.

Doch bin ich, wie ich bin,
und nimm mich nur hin!
Willst du Bessre besitzen,
so lass dir sie schnitzen.
Ich bin nun, wie ich bin;
so nimm mich nur hin!
Johann Wolfgang von Goethe

Freiwillige Abhängigkeit ist der schönste Zustand –
und wie wäre er möglich ohne Liebe?
Johann Wolfgang von Goethe

Im Ehestand muss man sich manchmal streiten,
denn dadurch erfährt man was voneinander.
Johann Wolfgang von Goethe

Sonne kann nicht ohne Schein,
Mensch nicht ohne Liebe sein.
Johann Wolfgang von Goethe

Heut ist mir alles herrlich;
wenn's nur so bliebe!
Ich sehe heute alles
durchs Augenglas der Liebe.
Johann Wolfgang von Goethe

Trinkspruch auf das Brautpaar
Ihr seid nun eins, ihr beide,
und wir sind mit euch eins.
Trinkt auf der Freude Dauer
ein Glas des guten Weins!
Und bleibt zu allen Zeiten
einander zugekehrt,
durch Streit und Zwietracht
werde
nie euer Bund zerstört.
Denn meine Meinung ist
nicht übertrieben:
Wenn man nicht trinken kann,
soll man nicht lieben,
doch sollt ihr Trinker euch
nicht besser dünken:
Wenn man nicht lieben kann,
soll man nicht trinken.
Johann Wolfgang von Goethe

Verlobung/Hochzeit

Liebe schwärmt auf allen Wegen;
Treue wohnt für sich allein.
Liebe kommt euch rasch entgegen;
aufgesucht will Treue sein.

Johann Wolfgang von Goethe

Freudvoll und leidvoll,
gedankenvoll sein;
langen und bangen
in schwebender Pein;
himmelhoch jauchzend,
zum Tode betrübt, glücklich allein
ist die Seele, die liebt.

Johann Wolfgang von Goethe

Mailied

Im Maien, im Maien ist's lieblich und schön,
da finden sich Kurzweil und Wonn';
Frau Nachtigall singet,
die Lerche sich schwinget
über Berg und über Tal.

Die Pforten der Erde, die schließen sich auf
und lassen so manches Blümlein herauf,
als Lilien und Rosen,
Violen, Zeitlosen,
Zypressen und auch Nägelein.

In solchen wohlriechenden Blümelein zart
spazieret eine Jungfrau von edeler Art;
sie windet und bindet
gar zierlich und fein
ihrem Herzallerliebsten ein Kränzelein.

Aus „Des Knaben Wunderhorn"

Auf die Hände küsst die Achtung,
Freundschaft auf die off'ne Stirn,
auf die Wange Wohlgefallen,
sel'ge Liebe auf den Mund.
Aufs geschloss'ne Aug' die Sehnsucht,
in die hohle Hand Verlangen,
Arm und Nacken die Begierde,
überall sonst hin Raserei!

Franz Grillparzer

Freundschaft und Liebe erzeugen
das Glück des menschlichen Lebens.
Wie zwei Lippen den Kuss, welcher
die Seelen entrückt.

Friedrich Hebbel

Wie doch die Welt so traulich und lieblich
im Römerglas sich widerspiegelt
und wie der wogende Mikrokosmos
sonnig hinabfließt ins durstige Herz!
Alles erblick ich im Glas,
alte und neue Völkergeschichte,
Türken und Griechen, Hegel und Gans,
Zitronenwälder und Wachtparaden,
Berlin und Schildas und Tunis und
Hamburg,
vor allem aber das Bild der Geliebten,
das Engelköpfchen und Rheingoldgrund.
Oh, wie schön! Wie schön du bist,
Geliebte!

Heinrich Heine

Brautlied

Welch ein Scheiden ist seliger
als zu scheiden von Mädchentagen?
Welch ein Klagen ist fröhlicher
als in Myrten um Veilchen klagen?
Da dein Schifflein im Hafen lag,
meerwärts oft sich die Wimpel regten,
ob auch heimischer Wellenschlag,
Land und Himmel es treulich hegten.
Nun die Anker gelichtet sind,
o wie köstlich die Fahrt ins Weite!
Düfte schwimmen im Frühlingswind
und du lächelst an s e i n e r Seite.
Manch ein segnender Seufzer schwingt
sich ins Segel, es lind zu schwellen.
Lass dies Lied, das die Liebe singt,
sich als günstigen Hauch gesellen.

Paul Heyse

Aus Lieb' oder Vernunft zu frei'n?
Wie sollte es nicht dasselbe sein?
Da es doch nichts Vernünftigeres gibt,
als eine zu nehmen, die man liebt.

Paul Heyse

Menschenherz und Meeresboden
sind unergründlich.
Jüdisches Sprichwort

Die Lippen einer Frau sind
das schönste Tor zu ihrer Seele.
Schwedisches Sprichwort

Nur liebend ist dein Herz ein Herz.
Was ist die Welt, wenn sie mit dir
durch Liebe nicht verbunden?
Was ist die Welt, wenn du in ihr
nicht Liebe hast gefunden?

Verklage nicht in deinem Schmerz
des Herzens schönste Triebe!
Nur liebend ist dein Herz ein Herz,
was ist es ohne Liebe?

Wenn du die Liebe nicht gewannst,
wie kannst du es ermessen,
ob du ein Glück gewinnen kannst,
ob du ein Glück besessen?
Hoffmann von Fallersleben

O glücklich, wer ein Herz gefunden,
das nur in Liebe denkt und sinnt
und mit der Liebe treu verbunden
sein schönres Leben erst beginnt!

Wo liebend sich zwei Herzen einen,
nur eins zu sein in Freud und Leid,
da muss des Himmels Sonne scheinen
und heiter lächeln jede Zeit.

Die Liebe, nur die Lieb' ist Leben:
Kannst du dein Herz der Liebe weihn,
so hat dir Gott genug gegeben,
heil dir! Die ganze Welt ist dein!
Hoffmann von Fallersleben

Die Weiber sind nicht ohne Fehler ...
Ein Weib sei, wie es immer sei,
so wird ihr doch was fehlen:
Die Schöne, die ist selten treu,
die Garstige macht quälen,
die Kluge kommandiert zu viel,
die Dumme treibt nur Narrenspiel;
die Junge bringt Galans ins Haus,
der Alten stinkt's zum Halse raus;
die Reiche lässt dir's Geld nicht frei,
die Arme wird dir's stehlen.
Ein Weib sei, wie es immer sei,
so wird ihr etwas fehlen.

... die Männer auch nicht
Ein Mann sei, wie er immer sei,
so wird ihm doch was fehlen:
Der Säufer legt das Geld nicht bei,
er jagt es durch die Kehlen;
der Junge ist liederlicher Art
und nascht gern auf der Seiten;
der Alte ist ein Nösselbart
und kann wohl nicht zu Zeiten.
Der Geiz des Reichen leidet Not
bei seinem vollen Kasten;
der Arme lässt bei schwarzem Brot
das arme Weiblein fasten.
Der Krieger ist kein Kurtisan
und macht es nicht fein sachte;
den Keuschen kommt's nicht allzeit an;
den Wilden alle Nachte.
Der Hochgelehrte ist erpicht
allein auf seine Bücher;
der Ignorant taugt folgends nicht
und ist noch wunderlicher.
Mit kurzem: Es bleibt wohl dabei
und ist nicht zu verhehlen;
ein Mann sei, wie er immer sei,
so wird ihm doch was fehlen.
Hofmann von Hoffmannswaldau

Genieße die Gegenwart mit frohem Sinn,
sorglos, was dir die Zukunft bringen werde;
doch nimm auch bitt'ren Kelch mit Lächeln hin –
vollkommen ist kein Glück auf dieser Erde.

Horaz

Wenn wir fehlerfrei wären,
würde es uns nicht
so viel Vergnügen bereiten,
Fehler an anderen festzustellen.

Horaz

Sag an, wo wächst der Same
des Krauts „Vergesslichkeit"?
Er wächst in jenen Herzen,
wo Liebe nicht gedeiht.

Japanische Weisheit

Stets die Liebe siegt im Kampfe,
ist fest in der Verteidigung.
Wen der Himmel retten will,
den schützt er durch Liebe.

Laotse

An die Leier

Töne, frohe Leier,
töne Lust und Wein!
Töne, sanfte Leier,
töne Liebe drein!

Gotthold Ephraim Lessing

Verlobung/Hochzeit

Trinklied
Voll, voll, voll,
Freunde, macht euch voll!
Wein, Wein, Wein,
Freunde, schenkt ihn ein!
Küsst, küsst, küsst,
die euch wieder küsst!
Voll von Wein,
voll von Liebe,
voll von Wein und Liebe,
Freunde, voll zu sein,
küsst und schenket ein!

Gotthold Ephraim Lessing

Der Kuckuck ist ein braver Mann,
der sieben Weiber brauchen kann;
die erste kehrt die Stube aus,
die zweite wirft den Unflat 'naus,
die dritte nimmt den Flederwisch
und kehrt des Kuckuck seinen Tisch,
die vierte bringt ihm Brot und Wein,
die fünfte schenkt ihm fleißig ein,
die sechste macht sein Bettlein warm,
die siebente schläft in seinem Arm.

Aus „Des Knaben Wunderhorn"

Heiraten ist, wenn man's bei Licht besieht,
ein Übel, aber ein notwendiges Übel.

Menander

Hochzeitslied
Aus der Eltern Macht und Haus
tritt die züchtige Braut heraus
an des Lebens Scheide –
geh und lieb und leide!
Freigesprochen, unterjocht,
wie der junge Busen pocht
im Gewand von Seide –
geh und lieb und leide!
Frommer Augen helle Lust
überstrahlt an voller Brust
blitzendes Geschmeide –
geh und lieb und leide!
Merke dir's, du blondes Haar:
Schmerz und Lust Geschwisterpaar,
unzertrennlich beide –
geh und lieb und leide!

Conrad Ferdinand Meyer

Hier, unterm Blick prophetischer Sterne,
weih ich dies Hochzeitsfest voraus:
Tief schaut die Muse in die Ferne
des bläulichen Geschicks hinaus.
Wie golden wirkt die neue Schwelle
des Lebens jedem jungen Paar!
Doch weiß man, dass nicht stets so helle
der Mittag wie der Morgen war.
Heut aber seh ich schöne Tage
blühn in gedrängter Sternensaat,
entschieden liegt schon auf der Waage,
was dies Paar vom Schicksal bat.
Hast, Liebchen, du der Jugend Blüte,
Anmut und Liebenswürdigkeit,
all deines Herzens laut're Güte
kühn deinem Einzigen geweiht;
lässt du der Heimat Friedensauen,
so manche ein lang gewohntes Glück,
um dir den eigenen Herd zu bauen,
halb wehmutsvoll, halb froh zurück:
Getrost! So darf ich laut es zeugen,
ein würdig Herz hast du gewählt;
selbst böser Neid bekennt mit Schweigen,
dass nichts zu deinem Glücke fehlt.
Denn Heiterkeit und holde Sitte,
wie Sommerluft, durchwehn dein Haus
und, goldbeschuht, mit leisem Tritte
gehn Segensengel ein und aus.

Eduard Mörike

Wonach das Herz verlangt,
gesteht der Mund nicht ein,
jedoch der Liebende errät's auch aus dem Nein.

Molière

Die beiden Flaschen

Zwei Flaschen stehn auf einer Bank,
die eine dick, die andre schlank.
Sie möchten gerne heiraten?
Doch wer soll ihnen beiraten?

Mit ihrem Doppel-Auge leiden
sie auf zum blauen Firmament ...
Doch niemand kommt herabgerennt
und kopuliert die beiden.

Christian Morgenstern

Wenn ich ein Vöglein wär
und auch zwei Flügel hätt,
flög ich zu dir;
weil's aber nicht kann sein,
bleib ich allhier.

Bin ich gleich weit von dir,
bin ich doch im Schlaf bei dir
und red mit dir;
wenn ich erwachen tu,
bin ich allein.

Es vergeht kein' Stund in der Nacht,
da mein Herze nicht erwacht
und an dich gedenkt,
dass du vieltausendmal
dein Herze geschenkt.

Aus „Des Knaben Wunderhorn"

An Schwester Nannerl
Du wirst im Eh'stand viel erfahren,
was dir ein halbes Rätsel war.
Bald wirst du aus Erfahrung wissen,
wie Eva einst hat handeln müssen,
dass sie hernach den Kain gebar.
Doch, Schwester, diese Eh'standspflichten
wirst du von Herzen gern verrichten,
denn, glaube mir, sie sind nicht schwer.
Doch jede Sache hat zwo Seiten:
Der Eh'stand bringt zwar viele Freuden,
allein auch Kummer bringet er.
Drum, wenn dein Mann dir finstere Mienen,
die du nicht glaubest zu verdienen,
in seiner üblen Laune macht,
so denke, das ist Männergrille,
und sag: Herr, es gescheh dein Wille
bei Tag und meiner in der Nacht.

Wolfgang Amadeus Mozart

Es sollte nicht erlaubt sein,
im Zustande der Verliebtheit einen Entschluss
über sein Leben zu fassen
und einer heftigen Grille wegen
den Charakter seiner Gesellschaft
ein für allemal festzusetzen:
Man sollte die Schwüre der Liebenden
öffentlich für ungültig erklären
und ihnen die Ehe verweigern: Weil man
die Ehe unsäglicher wichtiger nehmen sollte.

Friedrich Nietzsche

Ehestand der Freude
Lasset uns scherzen,
blühende Herzen,
lasset uns lieben
ohne Verschieben;
Lauten und Geigen
sollen nicht schweigen,
kommet zum Tanze,
pflücket vom Kranze.

Drücket die Hände,
legt euch zum Ende,
gebet euch Küsse,
tretet die Füße;
machet euch fröhlich,
machet euch eh'lich,
lasset die Narren
einsam verharren.

Lasset der Grauen
Murren und Schauen,
Raten und Wissen
wenig ersprießen;
eben sie selber
waren auch Kälber;
blühende Herzen,
lasset uns scherzen.

Aus „Des Knaben Wunderhorn"

Eine Frau oder Geliebte
lernt man in einer Stunde
mit einer dritten Person besser kennen
als mit sich in zwanzig.

Jean Paul

Platon sagt, der glücklichste Staat ist der, in dem
man die Worte Dein und Mein am seltensten hört,
denn da brauchen die Bürger am ehesten alles,
was Achtung verdient, gemeinsam. Aus dem Stand der Ehe
müssen diese Worte noch weiter weg verbannt werden.

Plutarch

Ein angenehmes und heiteres Leben
kommt nicht von äußeren Dingen.
Der Mensch bringt aus seinem Innern,
wie aus einer Quelle,
Lust und Freude in sein Leben.

Plutarch

In der Freundschaft wie in der Liebe
ist man oft glücklicher durch das,
was man nicht weiß, als durch das,
was man weiß.

François La Rochefoucauld

Zur Weggenossenschaft gehören beide Gaben,
nicht bloß ein gleiches Ziel, auch gleichen Schritt zu haben.

Friedrich Rückert

Verlobung/Hochzeit

Weißt du, wo es keinen Herren
und keinen Diener gibt?
Wo eins dem andern dient,
wo eins den andern liebt.

Friedrich Rückert

Du hattest kein Glück
und ich hatte keins;
wir nahmen einander,
nun haben wir eins.
Wo haben wir es
denn hergenommen?
Es ist vom Himmel
auf uns gekommen.

Friedrich Rückert

Selig durch die Liebe
Götter – durch die Liebe
Menschen Göttern gleich!
Liebe macht den Himmel
himmlischer – die Erde
zu dem Himmelreich.

Friedrich von Schiller

O zarte Sehnsucht, süßes Hoffen,
der ersten Liebe goldne Zeit!
Das Auge sieht den Himmel offen,
es schwelgt das Herz in Seligkeit.
O dass sie ewig grünen bliebe,
die schöne Zeit der jungen Liebe!

Friedrich von Schiller

Denn wo das Strenge mit dem Zarten,
wo Starkes sich und Mildes paarten,
da gibt es einen guten Klang.
Drum prüfe, wer sich ewig bindet,
ob sich das Herz zum Herzen findet!
Der Wahn ist kurz, die Reu' ist lang.

Friedrich von Schiller

Heiraten bedeutet:
Seine Rechte halbieren und
seine Pflichten verdoppeln.

Arthur Schopenhauer

Magst du zweifeln,
dass die Sterne glühen,
magst du zweifeln,
dass die Sonne sich bewegt,
magst die Wahrheit
du für Lüge halten,
zweifle aber niemals
an der Liebe!

Shakespeare

Heirate oder heirate nicht.
Du wirst beides bereuen.
Sokrates

Die Liebe, welch lieblicher Dunst!
Doch in der Ehe, da steckt die Kunst!
Theodor Storm

Dass nimmer trübe Ungemach,
dass fern euch bleibe Not und Schmach,
dass nie ihr eine Träne weint,
dass stets in Liebe ihr vereint,
dass stets ihr aller Sorgen bar,
das wünsch ich dem verlobten Paar!
Theodor Storm

Wer je gelebt in Liebesarmen,
der kann im Leben nie verarmen;
und müsst er sterben fern, allein,
er fühlte noch die sel'ge Stunde,
wo er gelebt an ihrem Munde,
und noch im Tode ist sie sein.
Theodor Storm

Einer Braut am Polterabend
Ich bringe dir ein leeres weißes Buch,
die Blätter drin noch ohne Bild und Spruch.

Sie sollen einst, wenn sie beschrieben sind,
dir bringen ein Erinnern hold und lind;

an liebe Worte, die man zu dir sprach,
an treue Augen, die dir blickten nach –

Drauf leg ich dir von dunklem Myrtenreis
den grünen Kranz, der aller Kränze Preis.

Nimm ihn getrost! Denn muss ich auch gestehn,
er wird wie alles Laub dereinst vergehn.

So weiß ich doch, wenn Tag um Tag verschwand,
hältst du den Zweig mit Früchten in der Hand.
Theodor Storm

Verlobung/Hochzeit

Die beste Eigenschaft ist ein gutes Herz.

Talmud

Gott hat die Frau nicht aus
des Mannes Kopf geschaffen,
dass er ihr befehle;
noch aus seinen Füßen,
dass sie seine Sklavin sei;
vielmehr aus seiner Seite,
dass sie seinem Herzen nahe sei.

Talmud

Dû bist mîn, ich bin dîn,
des solt dû gewis sîn.
Dû bist beslozzen
in mînem herzen;
verlorn ist daz sluzzelîn,
dû muost immer darinne sîn.

Wernher von Tegernsee (12. Jh.)

Die Muse fehlt nicht selten,
wenn man sie eben will.
Sie schweift in fernen Welten
und nirgends hält sie still.
Die Schwärmerin verträumet
gar oft den Glockenschlag.
Was sag ich? Sie versäumet
selbst einen Hochzeitstag.
So auch zu eurem Feste
erscheinet sie zu spät
und bittet nun aufs Beste,
dass ihr sie nicht verschmäht.
Des schönsten Glückes Schimmer
erglänzt euch eben dann,
wenn man euch jetzt und immer
ein Brautlied singen kann.

Ludwig Uhland

Die großen Gedanken kommen aus
dem Herzen.

Marquis de Vauvenargues

Liebes-Noten
Wahres Lieben, süßes Leben,
wo zwei Herzen eins nur sind,
wie zwei Turteltäubchen schweben,
die ein treues Band verbind',
wo die Lieb' den Chor anstimmet
und die Treue gibt den Takt,
in dem Blut die Freude schwimmet
und der Puls die Lauten schlagt.

Wo die Spröde muss pausieren,
wenn die Lust ein Solo singt,
wenn die Äuglein pizzikieren,
bis der Lieb' ein' Saite springt,
wenn die Herzen konkordieren
und schön singen in dem Ton,
wird der Mund auch sekundieren
und ein Kuss gibt ihm den Lohn.

Will ein Ton ins Kreuzlein steigen,
will ein B wie Weh erschalln,
mag aufs Herz der Finger zeigen
und Musik ganz leise halln;
weil die Noten in zwei Herzen
einfach stehen in der Terz,
lass uns ganz piano scherzen
und allegro leiden Schmerz.

Aus „Des Knaben Wunderhorn"

Die Liebe ist ein Stoff,
den die Natur gewebt
und die Fantasie bestickt hat.

Voltaire

Zum Ehejubiläum

Das Glück des tätigen Lebens liegt im Wirken der Klugheit,
durch die der Mensch sich selbst und andere regiert.

Thomas von Aquin

Ob zwei Leute gut getan haben, einander zu heiraten,
kann man bei ihrer silbernen Hochzeit noch nicht wissen.

Marie von Ebner-Eschenbach

Und ging auch alles um und um,
in dir, in mir, ich lieb dich drum,
ich lieb dich drum, weil du mir bliebst,
ich lieb dich drum, weil du vergibst,
ich lieb dich, ach, warum „Warum"?
Und blieb auch meine Lippe stumm,
ich lieb dich drum, weil du mich liebst.

Theodor Fontane

Wer treulich liebt,
hat hohen Mut,
er weiß, er steht in Gottes Hut,
ihn schützt sein starkes Walten,
und mag er wandeln übers Meer,
die Engel schreiten um ihn her,
ihn über den Wogen zu halten.

Emanuel Geibel

So vor fünfundzwanzig Jahren
standet ihr am Traualtar.
Und der Zukunft Tage waren
euch und andern noch nicht klar.

Aber heut im Freundeskreise
schaut ihr zurück auf eure Reise,
für das Ziel, das nicht mehr Schein,
stehen Kind und Enkel ein.

Der Liebe Melodienschatz,
er wechselt wie im Fluge,
die Ehe bleibt im gleichen Satz,
ihr wird die Zeit zur Fuge.

Franz Grillparzer

Ein Eh'stand ist alsdann beglückt,
wenn eins sich an das andre schickt,
wenn eins das andre liebt und scheut,
er nicht befiehlt, sie nicht gebeut
und beide so behutsam sein,
als wollten's erst einander frei'n.

Christian Fürchtegott Gellert

Eines schickt sich nicht für alle!
Sehe jeder, wie er's treibe,
sehe jeder, wo er bleibe,
und wer steht, dass er nicht falle!

Johann Wolfgang von Goethe

Für den Wert des Menschen ist
die Güte des Charakters das Höchste,
aber für das Zusammenleben ist
Humor und Temperament
beinahe noch wichtiger.

Franz Grillparzer

Allemal kann man nit lustig sein,
allemal hat man kein' Freud',
allemal liebt man sein Schätzel nit,
allemal hat man nit Zeit.

Wenn ich dein Bild mir betrachten tu,
muss ich mich an dir erfreun:
Allezeit kommst du mir schöner vor
und ich lieb dich von neu'm.

Äugelein hast du in deinem Kopf,
glänzen natürlich von fern,
wie der Karfunkel im Ofenloch,
wie das Licht in der Latern'.

Übertragung aus dem Schwäbischen

Zum Ehejubiläum

Goldmacher sind verrufen schier,
wie wohl ein jeder weiß.
Doch bleiben zwei,
die längst erprobt:
die Ehe und der Fleiß.
Der Fleiß macht Gold.
Nicht jeder trifft's.
Man plagt sich früh und spat
und dankt zuletzt dem lieben Gott,
wenn man sein Auskomm' hat.
Die Ehe ist viel besser dran,
sie braucht nicht Glück. Nur Zeit:
Nach fünfundzwanzig Jahren ist
sie silbern so wie heut!
Noch fünfundzwanzig (ihr sollt sehn,
ich lad euch freundlich ein);
so wird sie (wie jetzt silbern nur),
so wird sie golden sein!
Wer Lieb' und Treu' im Herzen trägt
und wenn sie Gleiches weiht,
für den ist, wie der Weltsturm braust,
noch heut die goldne Zeit.

Franz Grillparzer

Die Rose, die Lilie,
die Taube, die Sonne,
die liebt' ich einst alle in Liebeswonne.
Ich lieb sie nicht mehr, ich liebe alleine
die Kleine, die Feine, die Reine, die Eine;
sie selber, aller Liebe Bronne,
ist Rose und Lilie und Taube und Sonne.

Heinrich Heine

Hast du
das ganz vergessen,
dass einst dein Arm in meinem hing,
und Wonne unermessen
von deiner Hand in meine Hand,
von meinem Mund in deinen überging,
und dass dein blondes Haar
einst einen flüchtigen Frühling lang
der selige Mantel meiner Liebe war,
und dass die Welt einst duftete und klang,
die jetzt so grau verdrossen liegt,
von keinem Liebessturm,
von keiner Torheit mehr gewiegt?

Was wir einander wehe tun,
die Zeit verweht's, das Herz vergisst;
die seligen Stunden aber ruhn
in einem Glanz, der ohne Ende ist.

Hermann Hesse

Oft schon hat in stillem Kreise
hier die Freude euch geeint;
doch in festlich froher Weise
heut die traute Schar erscheint.

Fünfundzwanzig Jahre flossen
reich gesegnet euch dahin;
Kinder diesem Bund entsprossen –
euch zur Freude sie erblühn.

Dankend schaut ihr heut zurücke
auf der Jahre schöne Zahl,
richtet nochmals frohe Blicke
auf des Herzens freie Wahl.

Doch des Tages Feier lenket
auch den Blick aufs Künft'ge hin:
Sei euch reichlich noch geschenket
Frohsinn, Freude, Liebessinn!

Aus dem 19. Jahrhundert

Zum Ehejubiläum

Trinket alle!
Herr Bruder zur Rechten,
Herr Schwager zur Linken,
lasst uns alle, lasst uns alle
heut fröhlich eins trinken.

Auf das Wohlsein der Allerschönsten,
die da lebet auf Erden,
trinket alle, trinket alle,
trinket alle eins hoch!

Volkslied

Ich liebe dich in Gott
und Gott in dir.
Wo du auch bist, du bist bei mir.
Je mehr ich bin vereint mit Gott dem Herrn,
je mehr mit dir und wärst du noch so fern.
Du kannst ja ohne Gott nicht sein,
mein musst du sein, denn Gott ist mein.

Hoffmann von Fallersleben

Zum Ehejubiläum

Was für ein Feuer,
o was für ein Feuer
und wächst an deiner Brust noch ungeheuer.
Zwei Fackeln lodern nun in eins zusammen:
Die Lippen, die mich küssen, sind zwei Flammen.
Schon setzt es meinen zarten Leib in Brand,
warf in den Busen mir der Liebe Hand!
Die Augen, die mich anschaun, sind zwei Kerzen,
die Sonne selbst halt ich in meinem Herzen.

Ricarda Huch

Verehrtes Paar, das fünfzig Jahre
die Treue und das Leid geteilt,
das liebreich noch im Silberhaare
gern in dem Kreis der Jugend weilt,
dir bring ich, und es teilen alle
des schönen Augenblickes Lust,
mit hoch geschwungenem Pokale
ein Lebehoch aus voller Brust!

Aus dem 19. Jahrhundert

Im Grund sind es immer die
Verbindungen mit Menschen,
die dem Leben seinen Wert geben.

Wilhelm von Humboldt

Gottes reicher Segen leite
euch auf eurer Wanderschaft
25 Jahr' wie heute
noch voll frischer Lebenskraft!
Herrlich mit dem Silberkranze
schmückt der schöne Tag euch heut;
bis euch einst im goldenen Glanze
ein noch schönerer erfreut!

Volksgut

Ein seltenes Glück ward heute euch beschieden,
ein Fest, vom Himmel vielen nicht beschert;
ihr habt es erlebt und Freude, Lust und Frieden
als Lohn für euren treu erprobten Wert.
Es ist der Segen, den euch Gott gegeben,
der würdig beide euch des Glückes fand,
das Fest der goldenen Hochzeit zu erleben;
es ist ein Preis der Tugend zuerkannt.
Ihr wisst die Herzen freundlich zu gewöhnen,
sich liebend eurem Dienste gern zu weihn;
den Abend eures Lebens zu verschönen,
soll immer unser einzig Streben sein.
Wir kommen ehrfurchtsvoll, euch zu begrüßen,
mit tausend Wünschen, eurem Heil geweiht:
Der Zukunft Tage möge Gott versüßen
und euch erhalten uns noch lange Zeit!

Aus dem 19. Jahrhundert

Häuslichkeit, du schöner Abendstern!
Du flimmerst nicht eher,
als die brennende Jugendsonne
im Meere der Leidenschaft verlöschte.
Dann scheinst du lieblich in jede Hütte,
wo zwei gute Menschen wohnen.

August von Kotzebue

Wer doch den trüben Wahn erfunden,
dass keine Seele glücklich sei!
Ich war's; ich bin's! In reichen Stunden
von aller kleinen Trübsal frei.

Christian Morgenstern

Zum Ehejubiläum

Wer durch den Besitz des Guten
glücklich geworden ist,
der ist wahrhaft glücklich.
Man muss keine weiteren Fragen
mehr stellen, warum er glücklich ist.

Platon

Welcher Glanz und welcher Schimmer
leuchtet heut in eurem Zimmer
bei dem schönen Jubelfest,
das euch Gott erleben lässt!
Hier beim sanften Schein der Kerzen,
wünsche ich von ganzem Herzen,
dass euch Gott in seiner Güte
25 Jahre noch behüte!

Volksmund

Die Liebe, wenn sie neu,
braust wie ein junger Wein:
Je mehr sie alt und klar,
je stiller wird sie sein.

Angelus Silesius

Das Herz der teuren Gattin,
das Herz des Gatten ganz sein eigen
nennen zu können,
in einem Herzen sich einzig
und ohne Ende geliebt zu wissen,
ist doch das süßeste Glück der Erde.

Adalbert Stifter

Zur Silberhochzeit

Der Ehestand ein Wehestand,
dies Sprichwort ist gar wohl bekannt.
Allein ein jedes Sprichwort hinkt
und wem kein Eheglück gelingt,
der frage, wenn sein Kreuz er trägt,
ob nicht die eigene Schuld ihn schlägt!
Wahr bleibt es, dass im Ehestand
manch Herz schon schweres Wehe fand;
doch da voll Prüfung, wie ihr wisst,
ein jeder Stand hienieden ist,
so können Leiden ja allein
dem Ehestand kein Vorwurf sein.
Bei euch, ihr Lieben, ist's nicht so,
ihr wart ja glücklich stets und froh;
ihr habt in 25 Jahren
viel Freude, Glück und Heil erfahren.
Euch hat des Himmels Huld erfreut,
drum danket Gott für alles heut.
Der Gott, der Herz an Herzen reiht,
versüß euch eure Lebenszeit,
schenk euch noch reichen Himmelssegen
auf allen euren Lebenswegen
und spät dereinst die Himmelslust;
dies wünsch ich euch aus voller Brust!

Aus „Der Gelegenheitsdichter", 19. Jahrhundert

Trinkspruch zur goldenen Hochzeit

Einst wanderte ein Ehepaar
auf schönen grünen Auen;
ihr grünes Kränzlein in dem Haar
war lieblich anzuschauen.
Frisch zog es 25 Jahr'
bis zu dem Silberthrone;
ein Silberkränzlein für ihr Haar
ward billig ihr zum Lohne.
Nun denkt, noch einmal ging's so weit
bis zu der goldenen Höhe,
dass unser Auge die Herrlichkeit
der goldenen Hochzeit sehe.
So segne euch Gott denn ewiglich!
Lasst Frohsinn euch umschweben.
Wir aber rufen freudiglich:
Das goldene Paar soll leben!

Aus dem 19. Jahrhundert

Was wir heut mit Silber kränzen,
möge einst im Golde glänzen!

Volksgut

Muttertag/Vatertag

Die Welt durchwandernd fand ich allerwärts:
Kein Herz kann lieben wie ein Mutterherz.

Friedrich von Bodenstedt

Schmerz ist der Vater
und Liebe die Mutter der Weisheit.

Ludwig Börne

O du, die mir die Liebste war,
du schläfst nun schon so manches Jahr.
So manches Jahr, da ich allein,
du gutes Herz, gedenk ich dein.

Gedenk ich dein, von Nacht umhüllt,
so tritt zu mir dein treues Bild,
dein treues Bild, was ich auch tu,
es winkt mir ab, es winkt mir zu.

Und scheint mein Wort dir gar zu kühn,
nicht gut mein Tun,
du hast mir einst so oft verziehn,
verzeih auch nun.

Wilhelm Busch

Nur eine Mutter weiß allein,
was lieben heißt und glücklich sein.

Adalbert von Chamisso

Und ob der Maien stürmen will
mit Regenguss und Hagelschlag
wie ein verspäteter April:
Er hat doch einen schönen Tag.
Hat einen Tag, der schlimme Mai,
viel lieber als das ganze Jahr,
und wo es schien mir einerlei,
ob trüb der Himmel oder klar.
Und ist er trübe auch, ich fand
mein Sträußlein doch in Wald und Ried
und kann doch küssen deine Hand
und sagen dir ein schlichtes Lied.

Annette von Droste-Hülshoff

Liebe Mutter, nimm als Gabe
diese bunten Blumen an.
Sie sind alles, was ich habe,
alles, was ich geben kann.

Volksgut

Heut, zu diesem lieben Feste,
wünsch ich dir das Allerbeste;
Glück, Gesundheit, langes Leben
mög der liebe Gott dir geben.

Volksgut

So gern hätt ich ein schönes Lied gemacht
von deiner Liebe, deiner treuen Weise,
die Gabe, die für andre immer wacht,
hätt ich so gern geweckt zu deinem Preise.

Doch wie ich auch gesonnen mehr und mehr
und wie ich auch die Reime mochte stellen:
Des Herzens Fluten wallten drüber her,
zerstörten mir des Liedes zarte Wellen.

So nimm die einfach schlichte Gabe hin,
von einfach' ungeschmücktem Wort getragen,
und meine ganz Seele nimm darin.
Wo man am meisten fühlt, weiß man nicht viel zu sagen!

Annette von Droste-Hülshoff

Muttertag/Vatertag

Lebe, wie du, wenn du stirbst,
wünschen wirst, gelebt zu haben.

Christian Fürchtegott Gellert

Wenn ich mal ungeduldig werde,
denk ich an die Geduld der Erde,
die, wie man sagt, sich täglich dreht
und jährlich so wie jährlich geht.
Bin ich denn für was anderes da? –
Ich folge der lieben Frau Mama.

Johann Wolfgang von Goethe

Krone des Lebens,
Glück ohne Ruh',
Liebe, bist du!

Johann Wolfgang von Goethe

Wohl dem, der seiner Väter gern gedenkt,
der froh von ihren Taten, ihrer Größe
den Hörer unterhält und still sich freuend
am Ende dieser schönen Reihe
sich geschlossen sieht!

Johann Wolfgang von Goethe

Lieb' und Lust macht Mühe gering;
Liebe ist ein schönes Ding.
Mut wohl hätt ich mehr als Not;
Mutter-Glück und Heil von Gott.

Franz Grillparzer

Kein Füllhorn, das von allen Schätzen regnet,
ist reicher als die Mutterhand, die segnet.

Anastasius Grün

Der Mutter kommt kein kühlender Schatten gleich,
der Mutter kommt keine Zuflucht gleich,
der Mutter kommt kein Schutz gleich,
der Mutter kommt keine an Liebe gleich.

Hahabarata

Mutterliebe, man nennt dich
des Lebens Höchstes!
So wird denn jedem,
wie schnell er auch stirbt,
dennoch sein Höchstes zuteil.

Friedrich Hebbel

Im tollen Wahn hatt ich dich einst verlassen;
ich wollte gehn die ganze Welt zu Ende
und wollte sehn, ob ich die Liebe fände,
um liebevoll die Liebe zu umfassen.

Die Liebe suchte ich auf allen Gassen,
vor jeder Türe streckt' ich aus die Hände
und bettelte um g'ringe Liebesspende –
und lachend gab man mir nur kaltes Hassen.

Und immer irrte ich nach Liebe, immer
nach Liebe, doch die Liebe fand ich nimmer
und kehrte um nach Hause, krank und trübe.

Doch da bist du entgegen mir gekommen,
und ach! was da in deinem Aug' geschwommen,
das war die süße, lang gesuchte Liebe.

Heinrich Heine

So weich und warm
hegt dich kein Arm,
wie dich der Mutter Arm umfängt.
Nie findest du
so süße Ruh',
als wenn dein Aug' an ihrem hängt.

Paul Heyse

Wenn alle Welt den Armen verlässt
und wenn kein Herz ihm bliebe,
am ew'gen Himmel stehst du fest,
Stern heil'ger Mutterliebe.

Karl Immermann

Muttertag/Vatertag

Wie oft sah ich die blassen Hände nähen
ein Stück für mich – wie liebevoll du sorgtest!
Ich sah zum Himmel deine Augen flehen,
ein Wunsch für mich – wie liebevoll du sorgtest!
Und an mein Bett kamst du mit leisen Zehen,
ein Schutz für mich – wie liebevoll du sorgtest!

Detlev von Liliencron

Die Mutter trägt im Leibe das Kind
drei Vierteljahr;
die Mutter trägt auf Armen das Kind,
weil's schwach noch war;
die Mutter trägt im Herzen die Kinder immerdar.

Friedrich von Logau

Die Mutter liebt die Kinder
mehr als der Vater;
denn sie weiß,
dass es ihre Kinder sind.
Dieser glaubt es nur.

Meander

Weil Gott nicht überall sein konnte,
schuf er die Mutter.

Arabisches Sprichwort

Ich bin meiner Mutter einzig' Kind
und weil die andern ausblieben sind,
was weiß ich wie viel, die sechs oder sieben,
ist eben alles an mir hängen blieben:
Ich hab müssen die Liebe, die Treue, die Güte
für ein halbes Dutzend allein aufessen;
ich will's mein Lebtag nicht vergessen!
Es hätte mir aber auch wohl mögen frommen,
hätt ich nur auch Schläge für sechs bekommen.

Eduard Mörike

Ich habe heute ein paar Blumen
für dich nicht gepflückt,
um dir ihr Leben mitzubringen.

Christian Morgenstern

Der Himmel ist zu den Füßen der Mutter.

Aus Persien

Muttertag/Vatertag

Die Mütter geben unserem Geiste Wärme
und die Väter das Licht.

Jean Paul

Ein Festtag soll dich stärken
zu deines Werktags Werken,
dass du an dein Geschäfte
mitbringst frische Kräfte.
Du darfst nicht in den Freuden
die Kräfte selbst vergeuden;
neu sollen sie ersprießen
aus mächtigem Genießen.

Friedrich Rückert

Gehen die Väter nackt,
so werden die Kinder blind.
Kommen sie geldbepackt,
wie artig scheint das Kind.

Shakespeare

Der Vater sollte wie ein Gott euch sein,
der euren Reiz gebildet, ja wie einer,
dem ihr nur seid wie ein Gepräg', in Wachs
von seiner Hand gedrückt, wie's ihm gefällt,
es stehn zu lassen oder auszulöschen.

Shakespeare

Muttertag/Vatertag

Die Falten um die Stirne dein,
lass sie nur heiter ranken;
das sind die Narben, die darein
geschlagen die Gedanken.

Johann Victor von Scheffel

Die Mutterliebe

Ein Kleinod ist das allerbest',
das pfleg ich wohl und halt es fest
und halt es hoch in Ehren:
Das ist die Mutterliebe gut,
die gibt mir immer neuen Mut
in allen Lebensschweren.

Und ist dein Herz so freudenleer
und ist dein Aug' so tränenschwer,
blick in ihr Aug' hinein:
Das hat gar lichten, hellen Strahl
und trocknet die Tränen allzumal
wie Frühlings-Sonnenschein.

Johann Victor von Scheffel

Oh, nicht an Rat gebricht's der Mutterliebe!
Friedrich von Schiller

Hast du die Mutter gesehen, wenn sie süßen
Schlummer dem Liebling kauft mit eigenem Schlaf
und für das Träumende sorgt,
mit dem eigenen Leben ernährt die zitternde Flamme
und mit Sorge selbst sich für die Sorge belohnt?
Friedrich von Schiller

Mutter ist das Wort für Gott auf den Lippen
und in den Herzen von kleinen Kindern.
William Makepeace Thackeray

Mütter! die ihr euch erquickt
an der Kinder teuren Zügen
und mit ahnendem Vergnügen
vieles Künft'ge drin erblickt:
Schaut einmal recht tief hinein
und verschafft uns sich're Kunde:
Wird der Väter Kampf und Wunde
in den Kindern fruchtbar sein?
Ludwig Uhland

Wer nicht gelächelt der Mutter,
den nicht würdigt des Tisches der Gott,
des Lagers die Göttin.
Vergil

Gott grüßt dich heute, mein Papa,
dein Festtag ist erschienen,
die Sonne steht so golden da,
soll dir zur Freude dienen!
Volksgut

Lebe glücklich, lebe heiter,
lebe in Gesundheit weiter,
lebe viele Jahre noch!
Lieber Vater, lebe hoch!
Überliefert

Jetzt sind wir alle da
und wünschen dir, Papa:
Es kehr noch oft das Glück
dir dieser Tag' zurück!
Überliefert

Verse und Reime für jede Jahreszeit

Frühling

Bau dein Nest,
weil der Frühling währet,
luftig bau's in die Welt hinein.
Wagen gewinnt,
Schwäche zerrinnt.
Wage! Dulde! Die Welt ist dein.

Ernst Moritz Arndt

Im Winter trink ich und singe Lieder
aus Freude, dass der Frühling nah ist;
und kommt der Frühling, trink ich wieder
aus Freude, dass er endlich da ist.

Friedrich von Bodenstedt

Im Licht der Ostersonne bekommen die
Geheimnisse der Erde ein anderes Licht.

Friedrich von Bodelschwingh

Wie liegt die Welt so frisch und tauig
vor mir im Morgensonnenschein.
Entzückt vom hohen Hügel schau ich
ins frühlingsgrüne Tal hinein.

Mit allen Kreaturen bin ich
in schönster Seelenharmonie.
Wir sind verwandt, ich fühl es innig,
und eben darum lieb ich sie.

Und wird auch mal der Himmel grauer;
wer voll Vertrau'n die Welt besieht,
den freut es, wenn ein Regenschauer
mit Sturm und Blitz vorüberzieht.

Wilhelm Busch

Seid mir nur nicht gar zu traurig,
dass die schöne Zeit entflieht,
dass die Welle kühl und schaurig
uns in ihre Wirbel zieht;

dass des Herzens süße Regung,
dass der Liebe Hochgenuss,
jene himmlische Bewegung,
sich zur Ruh' begeben muss.

Lass uns lieben, singen, trinken
und wir pfeifen auf die Zeit;
selbst ein leises Augenwinken
zuckt durch alle Ewigkeit.

Wilhelm Busch

Das weiß ein jeder, wer's auch sei,
gesund und stärkend ist das Ei.

Wilhelm Busch

Frühlingslied
In der Laube von Syringen,
oh, wie ist der Abend fein!
Brüder, lasst die Gläser klingen,
angefüllt mit Maienwein.

Heija, der frische Mai,
er bringt uns mancherlei.
Das Schönste aber hier auf Erden
ist, lieben und geliebt zu werden,
heija, im frischen Mai.

Über uns die lieben Sterne
blinken hell und frohgemut,
denn sie sehen schon von ferne,
auch hier unten geht es gut.

Wer sich jetzt bei trüben Kerzen
der Gelehrsamkeit befleißt,
diesem wünschen wir von Herzen,
dass er bald Professor heißt.

Wer als Wein- und Weiberhasser
jedermann im Wege steht,
der genieße Brot und Wasser,
bis er endlich in sich geht.

Wem vielleicht sein altes Hannchen
irgendwie abhanden kam,
nur getrost, es gab schon manchen,
der ein neues Hannchen nahm.

Also, eh der Mai zu Ende,
aufgeschaut und umgeblickt,
keiner, der nicht eine fände,
die ihn an ihr Herze drückt.

Jahre steigen auf und nieder;
aber wenn der Lenz erblüht,
dann, ihr Brüder, immer wieder
töne unser Jubellied.

Heija, der frische Mai,
er bringt uns mancherlei.
Das Schönste aber hier auf Erden
ist, lieben und geliebt zu werden,
heija, im frischen Mai.

Wilhelm Busch

Frühling

Vom Eise befreit sind Strom und Bäche
durch des Frühlings holden, belebenden Blick.
Im Tale grünet Hoffnungsglück.
Der alte Winter in seiner Schwäche
zog sich in raue Berge zurück.
Von dorther sendet er, fliehend, nur
ohnmächtige Schauer körnigen Eises
in Streifen über die grünende Flur.
Aber die Sonne duldet kein Weißes.
Überall regt sich Bildung und Streben,
alles will sie mit Farben beleben.
Doch an Blumen fehlt's im Revier.
Sie nimmt geputzte Menschen dafür.
Kehre dich um, von diesen Höhen
nach der Stadt zurückzusehen!
Aus dem hohlen, finstern Tor
dringt ein buntes Gewimmel hervor.
Jeder sonnt sich heute so gern.
Sie feiern die Auferstehung des Herrn,
denn sie sind selber auferstanden.
Aus niedriger Häuser dumpfen Gemächern,
aus Handwerks- und Gewerbesbanden,
aus dem Druck von Giebeln und Dächern,
aus der Straßen quetschender Enge,
aus der Kirchen ehrwürdiger Nacht
sind sie alle ans Licht gebracht.
Sieh nur, sieh, wie behänd' sich die Menge
durch die Gärten und Felder zerschlägt,
wie der Fluss in Breit' und Länge
so manchen lustigen Nachen bewegt
und bis zum Sinken überladen,
entfernt sich dieser letzte Kahn.
Selbst von des Berges fernen Pfaden
blinken uns farbige Kleider an.
Ich höre schon des Dorfs Getümmel.
Hier ist des Volkes wahrer Himmel.
Zufrieden jauchzet Groß und Klein:
Hier bin ich Mensch, hier darf ich's sein.

Johann Wolfgang von Goethe

Jetzt fängt das schöne Frühjahr an
und alles fängt zu blühen an
auf grüner Heid und überall.
Es blühn die Blumen auf dem Feld,
sie blühen weiß, blau, rot und gelb,
grad wie es meinem Schatz gefällt.

Volkslied

Mailied

Wie herrlich leuchtet
mir die Natur!
Wie glänzt die Sonne!
Wie leuchtet die Flur!
Es dringen Blüten
aus jedem Zweig
und tausend Stimmen
aus dem Gesträuch
und Freud' und Wonne
aus jeder Brust.
O Erd', o Sonne!
O Glück, o Lust!

Johann Wolfgang von Goethe

Pfingsten, das liebliche Fest war gekommen;
es grünten und blühten Feld und Wald;
auf Hügeln und Höh'n, in Büschen und Hecken
übten ein fröhliches Lied die neu ermunterten Vögel;
jede Weise sprosste von Blumen in duftenden Gründen,
festlich heiter glänzte der Himmel und farbig die Erde.

Johann Wolfgang von Goethe

Wenn der Weichselbaum die duftigen Blüten schneit,
wenn die Tauben girren und der Kuckuck schreit,
wenn die Tauben girren und die Bienen schwirren,
dann beginnt die Liebe, die goldene Zeit.
Wenn die Wiesen schmückt der Blumen goldene Zier,
wenn die Liebe ruft aus Busch und Waldrevier,
wenn die Finken schlagen und zum Neste tragen,
such auch ich ein süßes Liebchen mir.
Wenn ich singend dann durch Busch und Wälder geh
und oftmals vor einer kleinen Hütte steh,
ihr ins Auge blicke und ans Herz sie drücke,
wird mir plötzlich, ach, so wohl und so weh.

Volkstümliches Lied aus dem 19. Jahrhundert

Frühling

Leise zieht durch mein Gemüt
liebliches Geläute.
Klinge, kleines Frühlingslied,
kling hinaus ins Weite!
Kling hinaus bis an das Haus,
wo die Blumen sprießen.
Wenn du eine Rose schaust,
sag, ich lass sie grüßen.

Heinrich Heine

Fünf Hasen, die saßen
beisammen dicht,
es machte ein jeder
ein traurig' Gesicht.
Sie jammern und weinen:
Die Sonn' will nicht scheinen!
Bei so vielem Regen,
wie kann man da legen
den Kindern das Ei?
O weih, O weih!

Heinrich Hoffman

Kinder, Kinder! Kommt herbei!
Suchen wir das Osterei!
Immerfort, hier und dort
und an jedem Ort.
Hier ein Ei, dort ein Ei –
bald sind's zwei und drei!
Ist es noch so gut versteckt,
endlich wird es doch entdeckt.
Kommt herbei!
Sucht das Ei!

Hoffmann von Fallersleben

O wie ist es kalt geworden
und so traurig, öd und leer!
Raue Winde wehen von Norden
und die Sonne scheint nicht mehr.
Auf die Berge möcht' ich fliegen,
möchte sehn ein grünes Tal,
möcht' in Gras und Blumen liegen
und mich freuen am Sonnenstrahl.
Möchte hören die Schalmeien
und der Herden Glockenklang,
möchte freuen mich im Freien
an der Vögel süßem Sang.
Schöner Frühling, komm doch wieder,
lieber Frühling, komm doch bald,
bring uns Blumen, Laub und Lieder,
schmücke wieder Feld und Wald!
Ja, du bist uns treu geblieben,
kommst nun bald in Pracht und Glanz,
bringst nun bald all deinen Lieben
Sang und Freude, Spiel und Tanz.

Hoffmann von Fallersleben

Nach diesen trüben Tagen,
wie ist so hell das Feld!
Zerrissene Wolken tragen
die Trauer aus der Welt.
Und Keim und Knospe mühen
sich an das Licht hervor
und manche Blumen blühen
zum Himmel still empor.
Ja, auch sogar die Eichen
und Reben werden grün.
O Herz, das sei dein Zeichen:
Herz, werde froh und kühn!

Hoffmann von Fallersleben

Morgen müssen wir verreisen
und es muss geschieden sein.
Traurig ziehn wir unserer Straßen,
lebe wohl, Herzliebchen mein!
Kommen wir zu jenem Berge,
schauen wir zurück ins Tal,
schauen uns um nach allen Seiten,
sehen die Stadt zum letzten Mal.
Wenn der Winter ist vorüber
und der Frühling zieht ins Feld,
will ich werden wie ein Vöglein,
fliegen durch die ganze Welt.
Dahin fliegen will ich wieder,
wo's mir lieb und heimisch war,
Schätzlein, muss ich jetzt auch
wandern,
kehr ich heim doch übers Jahr.
Übers Jahr zur Zeit der Pfingsten
pflanz ich Maien dir ans Haus,
bringe dir aus weiter Ferne
einen frischen Blumenstrauß.

Hoffmann von Fallersleben

Frühling

Herbei, herbei, ihr alten Zecher!
Wie lieblich weht die Maiennacht!
Wem wird der erste volle Becher
zum Willkomm fröhlich dargebracht?

Im Weine wohnet Lieb' und Leben
und aus dem Weine quillt Gesang.
Drum ehr ich hoch die Kraft der Reben
und preise sie mein Lebelang.

Zuerst soll dann Treuliebchen leben!
Stoßt an! Trinkt aus bis auf den Grund!
Denn Wein und Lied, die beiden geben
zuerst das Allerschönste kund.

Drum ehret hoch die Kraft der Reben
und preist sie euer Lebelang.
Im Weine wohnet Lieb' und Leben
und aus dem Weine quillt Gesang.

Hoffmann von Fallersleben

Zur Osterfeier,
da freun wir uns sehr,
da suchen wir Eier
die Kreuz und die Quer.
Husch husch
im Dornenbusch
flugs flugs
im grünen Buchs.
Husch husch husch husch!
Flugs! flugs! flugs! flugs!

Hoffmann von Fallersleben

Es blitzt ein Tropfen Morgentau
im Strahl des Sonnenlichts,
ein Tag kann eine Perle sein
und ein Jahrhundert nichts.

Gottfried Keller

Frühling lässt sein blaues Band
wieder flattern durch die Lüfte.
Süße, wohl bekannte Düfte
streifen ahnungsvoll das Land.
Veilchen träumen schon,
wollen balde kommen.
Horch! Von fern ein leiser Harfenton!
Frühling, ja du bist's!
Dich hab ich vernommen.

Eduard Mörike

Der Hügel

Wie wundersam ist doch ein Hügel,
der sich ans Herz der Sonne legt,
indes des Winds gehalt'ner Flügel
des Gipfels Gräser leicht bewegt.
Mit buntem Faltertanz durchwebt sich,
von wilden Bienen singt die Luft
und aus der warmen Erde hebt sich
ein süßer hingegeb'ner Duft.

Christian Morgenstern

Die Sonne geht im Osten auf,
der Osterhas' beginnt den Lauf.
Um seinen Korb voll Eier sitzen
drei Häslein, die die Ohren spitzen.
Der Osterhas' bringt just ein Ei,
da fliegt ein Schmetterling herbei.
Dahinter strahlt das blaue Meer
mit Sandstrand vorne und umher.
Der Osterhas' ist eben fertig –
das Kurtchen auch schon gegenwärtig!
Nesthäkchen findet – eins, zwei, drei,
ein rot', ein blau', ein lila Ei.
Ein Ei in jedem Blumenkelche!
Seht, seht, selbst hier,
selbst dort sind welche!
Ermüdet leicht, im Morgenschein,
schlief Kurtchen auf der Wiese ein.
Die Glocken läuten bim, bam, baum
und Kurtchen lächelt zart im Traum.
Di di didl dum dei,
wir tanzen mit unsern Hasen,
umgefasst, zwei und zwei
auf schönem, grünem Rasen.

Christian Morgenstern

Frühling

Und aus der Erde schauet nur
alleine noch Schneeglöckchen;
so kalt, so kalt ist noch die Flur,
es friert im weißen Röckchen.

Theodor Storm

Die Kinder schreien „Vivat hoch!"
in die blaue Luft hinein;
den Frühling setzen sie auf den Thron,
der soll ihr König sein.

Die Kinder haben die Veilchen gepflückt,
all, all, die da blühten am Mühlengraben.
Der Lenz ist da; sie wollen ihn fest
in ihren kleinen Fäusten haben.

Theodor Storm

Ostern am Meer

Es war daheim auf unserem Meeresdeich.
Ich ließ den Blick am Horizonte gleiten.
Zu mir herüber scholl verheißungsreich
mit vollem Klang das Osterglockenläuten.
Wie brennend' Silber funkelte das Meer.
Die Inseln schwammen auf dem hohen
Spiegel,
die Möwen schossen blendend hin und her,
eintauchend in die Flut die weißen Flügel.
In tiefer Erde bis zum Deichesrand
war sammetgrün die Wiese aufgegangen.
Der Frühling zog prophetisch über Land.
Die Lerchen jauchzten und die Knospen
sprangen.
Entfesselt ist die urgewalt'ge Kraft.
Die Erde quillt, die jungen Säfte tropfen.
Und alles treibt und alles webt und schafft.
Des Lebens vollste Pulse hör ich klopfen.

Theodor Storm

Lob des Frühlings

Saatengrün, Veilchenduft,
Lerchenwirbel, Amselschlag,
Sonnenregen, linde Luft!
Wenn ich solche Worte singe,
braucht es dann noch großer Dinge,
dich zu preisen, Frühlingstag?

Ludwig Uhland

Der linden Lüfte sind erwacht,
sie säuseln und weben an allen Enden.
O frischer Duft, o neuer Klang!
Nun, armes Herze, sei nicht bang!
Nun muss sich alles, alles wenden.
Die Welt wird schöner mit jedem Tag.
Man weiß nicht, was noch kommen mag.
Das Blühen will nicht enden.
Es blüht das fernste, tiefste Tal.
Nun, armes Herz, vergiss die Qual!
Nun muss sich alles, alles wenden.

Ludwig Uhland

Sommer

Der Winter ging, der Sommer kam,
er bringt aufs Neue wieder
den viel beliebten Wunderkram
der Blumen und der Lieder.

Wie das so wechselt Jahr um Jahr,
betracht' ich fast mit Sorgen.
Was lebte, starb, was ist, es war,
und heute wird zu morgen.

Stets muss die Bildnerin Natur
den alten Ton benützen
in Haus und Garten, Wald und Flur
zu ihren neuen Skizzen.

Wilhelm Busch

Es war, als hätt der Himmel
die Erde still geküsst,
dass sie im Blütenschimmer
von ihm nun träumen müsst'.

Die Luft ging durch die Felder,
die Ähren wogten sacht,
es rauschten leis' die Wälder,
so sternklar war die Nacht.

Und meine Seele spannte
weit ihre Flügel aus,
flog durch die stillen Lande,
als flöge sie nach Haus'.

Joseph von Eichendorff

Und blüht der Weizen, so reift er auch,
das ist immer so ein alter Brauch.
Und schlägt der Hagel die Ernte nieder,
übers andere Jahr trägt der Boden wieder.

Johann Wolfgang von Goethe

Schon nascht der Star
die rote Vogelbeere,
zum Erntekranze juchheiten
die Geigen
und warte nur, bald nimmt
der Herbst die Schere
und schneidet sich
die Blätter von den Zweigen.

Detlev von Liliencron

Heuernte

Heuernte, schönste Zeit im Jahr,
der Wald längst grün
und doch noch klar,
die Blumen ganz im Blüh'n,
die Saat noch hoffnungsgrün.

Grün hängt die Frucht
im dichten Baum,
halb ausgebildet, halb noch Traum;
still steht des Lebens Flucht
noch zwischen Blüt' und Frucht.

Nur erntereif das flücht'ge Gras
und frisch und duftig selber das.
Wohl, wenn's ans Welken geht,
dem, der so süß verweht!

Die Luft noch nicht zu wild
durchschwirrt,
nur hier und dort ein Käfer irrt;
im Grillchen kichert nur,
im Vogel jauchzt Natur.

Vorüber schwebt ein geist'ger Duft,
ein Äther durch den Dampf der Luft!
Ist's Engelsodem? Nein!
Es ist der blühn'de Wein!

O Mensch, genieße diese Zeit
und atme sie wie Ewigkeit;
leg dich am Quell ins Heu,
erbau dein Traumgebäu'!

Geschwind, eh dich ein Tropfen weckt,
eh dich ein Blitz, ein Donner schreckt,
denn auch der Wonne Born
wallt plötzlich auf im Zorn.

Dann sät sein Korn der Hagel aus,
der Sturm bricht Äste sich zum Strauß,
der Bach zerreißt das Land –
Frucht, Blüte, Gras verschwand.

Gustav Schwab

Herbst

Im Herbst
Der schöne Sommer ging von hinnen,
der Herbst, der reiche, zog ins Land.
Nun weben all die guten Spinnen
so manches feines Festgewand.

Sie weben zu des Tages Feier
mit kunstgeübtem Hinterbein
ganz allerliebste Elfenschleier
als Schmuck für Wiese, Flur und Hain.

Ja, tausend Silberfäden geben
dem Winde sie zum leichten Spiel,
die ziehen sanft dahin und schweben
ans unbewusst bestimmte Ziel.

Sie ziehen in das Wunderländchen,
wo Liebe scheu im Anbeginn
und leis' verknüpft ein zartes Bändchen
den Schäfer mit der Schäferin.

Wilhelm Busch

Septembermorgen
Im Nebel ruhet noch die Welt,
noch träumen Wald und Wiesen.

Bald siehst du, wenn der Schleier fällt,
den blauen Himmel unverstellt,

herbstkräftig die gedämpfte Welt
in warmem Golde fließen.

Eduard Mörike

Erde, die uns dies gebracht,
Sonne, die es reif gemacht.
Liebe Sonne, liebe Erde,
euer nie vergessen werde.
Wir haben volle Teller
und voll sind Scheune und Keller,
wir leiden keine Not.
Gesichert ist das Brot,
die Äpfel sind knallrot
und auch der süße Wein
lief rein ins Fass hinein.
Die Ernt' ist geborgen,
wir haben keine Sorgen,
drum sei heut Dank gebracht,
Sonne, die es reif gemacht.
Liebe Sonne, liebe Erde,
euer nie vergessen werde!

Christian Morgenstern

Herbsttag

Herr: Es ist Zeit. Der Sommer war sehr groß.
Leg deinen Schatten auf die Sonnenuhren
und auf den Fluren lass die Winde los.

Befiel den letzten Früchten voll zu sein;
gib ihnen noch zwei südlichere Tage,
dränge sie zur Vollendung hin und jage
die letzte Süße in den schweren Wein.

Wer jetzt kein Haus hat, baut sich keines
mehr.
Wer jetzt allein ist, wird es lange bleiben,
wird wachen, lesen, lange Briefe schreiben
und wird in den Alleen hin und her
unruhig wandern, wenn die Blätter treiben.

Rainer Maria Rilke

Der Nebel steigt, es fällt das Laub.
Schenk ein, den Wein, den holden.
Wir wollen uns den grauen Tag
vergolden, ja vergolden!

Und wimmert auch einmal das Herz,
stoß an und lass es klingen!
Wir wissen's doch, ein rechtes Herz
ist gar nicht umzubringen.

Wohl ist es Herbst, doch warte nur,
doch warte nur ein Weilchen!
Der Frühling kommt, der Himmel lacht,
es steht die Welt in Veilchen.

Theodor Storm

Winter

Hätte einer auch mehr Verstand
als die drei Weisen aus dem Morgenland
und ließe sich dünken, er wäre wohl nie
dem Sternlein nachgereist wie sie;
dennoch, wenn nun das Weihnachtsfest
seine Lichtlein wonniglich scheinen lässt,
fällt auch auf sein verständig' Gesicht,
er mag es merken oder nicht,
ein freundlicher Strahl
des Wundersternes von dazumal.

Wilhelm Busch

Noch einmal ein Weihnachtsfest,
immer kleiner wird der Rest,
aber nehm ich so die Summe,
alles Grade, alles Krumme,
alles Falsche, alles Rechte,
alles Gute, alles Schlechte –
rechnet sich aus all dem Braus
doch ein richtig' Leben raus
und dies können ist das Beste
wohl bei diesem Weihnachtsfeste.

Theodor Fontane

Markt und Straßen stehn verlassen,
still erleuchtet jedes Haus,
sinnend geh ich durch die Gassen,
alles sieht so friedlich aus.

An den Fenstern haben Frauen
buntes Spielzeug fromm geschmückt,
tausend Kindlein stehn und schauen,
sind so wunderstill beglückt.

Und ich wandre aus den Mauern
bis hinaus ins freie Feld.
Hehres Glänzen, heil'ges Schauern!
Wie so weit und still die Welt!

Sterne hoch die Kreise schlingen,
aus des Schnees Einsamkeit
steigt's wie wundersames Singen. –
O du gnadenreiche Zeit!

Joseph von Eichendorff

Weihnacht: Nächte heller Kerzen
und der Kinderseligkeit!
Und so wünsche ich von ganzem Herzen
eine strahlend schöne, besinnliche Zeit!

Volksgut

Noch ist Herbst nicht ganz entflohn,
aber als Knecht Ruprecht schon
kommt der Winter hergeschritten,
und alsbald aus Schnees Mitten
klingt des Schlittenglöckleins Ton.

Und was jüngst noch, fern und nah,
bunt auf uns herniedersah,
weiß sind Türme, Dächer, Zweige
und das Jahr geht auf die Neige
und das schönste Fest ist da.

Tag du der Geburt des Herrn,
heute bist du uns noch fern,
aber Tannen, Engel, Fahnen,
lassen uns den Tag schon ahnen
und wir sehen schon den Stern.

Theodor Fontane

Dies ist der Tag, den Gott gemacht;
sein wird in aller Welt gedacht!
Ihn preise, was durch Jesum Christ
im Himmel und auf Erden ist.

Die Völker haben dein geharrt,
bis dass die Zeit erfüllet ward;
da sandte Gott von seinem Thron
das Heil der Welt, dich, seinen Sohn.

Wenn ich dies Wunder fassen will,
so steht mein Geist vor Ehrfurcht still;
er betet an und er ermisst,
dass Gottes Lieb' unendlich ist.

Jauchzt, Himmel, die ihr ihn erfuhrt,
den Tag der heiligsten Geburt;
und Erde, die ihn heute sieht,
sing ihm, dem Herrn, ein neues Lied.

Dies ist der Tag, den Gott gemacht;
sein wird in aller Welt gedacht!
Ihn preise, was durch Jesum Christ
im Himmel und auf Erden ist.

Christian Fürchtegott Gellert

Winter

Der du von den Himmeln bist,
alles Leid auf Erden stillest,
den, der doppelt elend ist,
doppelt mit Erquickung füllest;
ach, ich bin des Treibens müde!
Was soll all der Schmerz, die Lust?
Süßer Friede,
komm, ach komm in meine Brust!

Johann Wolfgang von Goethe

Von allen Bäumen jung und alt,
von allen Bäumen groß und klein,
von allen in dem ganzen Wald,
wer mag der Allerschönste sein?
Der Schönste von allen weit und breit,
das ist der Baum, der grünt allzeit,
da hängen hundert Sachen dran
und den bringt uns der
Weihnachtsmann.

Hoffmann von Fallersleben

Christkindchen kam hernieder
und schmückt den Weihnachtsbaum,
mit Gaben füllt sich wieder
der Tisch bis an den Saum.

Worauf mein Herz sich freute,
was es gewünscht, erdacht,
ich sehe alles heute
in überreicher Pracht.

Die guten Eltern sorgen
so liebevoll und reich,
drum bet ich alle Morgen
zum lieben Gott für euch.

Volksmund

In einem leeren Haselstrauch
da sitzen drei Spatzen, Bauch an Bauch.
Der Erich rechts und links der Franz
und mittendrin der freche Hans.

Sie haben die Augen zu, ganz zu,
und obendrüber, da schneit es, hu!
Sie rücken zusammen dicht an dicht.
So warm wie der Hans hat's niemand nicht.

Die hören alle drei ihrer Herzlein Gepoch.
Und wenn sie nicht weg sind,
so sitzen sie noch.

Christian Morgenstern

Es treibt der Wind im Winterwalde
die Flockenherde wie ein Hirt
und manche Tanne ahnt, wie balde
sie fromm und lichterheilig wird.
Und lauscht hinaus. Den weißen Wegen
streckt sie die Zweige hin – bereit,
und wehrt dem Wind und wächst entgegen
der einen Nacht der Herrlichkeit.

Rainer Maria Rilke

Ach, könnte nur dein Herz
zu einer Krippe werden;
Gott würde noch einmal
Kind auf dieser Erden.

Angelus Silesius

Das Licht der Herrlichkeit
scheint mitten in der Nacht.
Wer kann es sehn?
Ein Herz, das Augen hat und
wacht.

Angelus Silesius

Wird Christus tausendmal
zu Bethlehem geboren
und nicht in dir: Du bleibst
noch ewiglich verloren.

Angelus Silesius

Fichten, Lametta, Kugeln und Lichter,
Bratäpfelduft und frohe Gesichter,
Freude am Schenken –
das Herz wird so weit
Ich wünsch allen:
eine fröhliche Weihnachtszeit!

Volksgut

Winter

Die fremde Stadt durchschritt ich sorgenvoll,
der Kinder denkend, die ich ließ zu Haus.
Weihnachten war es; durch alle Gassen scholl
der Kinderjubel und des Markts Gebraus'.

Und wie der Menschenstrom mich fortgespült,
drang mir ein heiser' Stimmlein in das Ohr:
„Kauft, lieber Herr!" Ein mag'res Händchen hielt
feilbietend mir ein ärmlich' Spielzeug vor.

Ich schrak empor und beim Laternenschein
sah ich ein bleiches Kinderangesicht;
wes Alters und Geschlechts es mochte sein,
erkannt' ich im Vorübertreiben nicht.

Nur von dem Treppenstein, darauf es saß,
noch immer hört' ich, mühsam wie es schien:
„Kauft, lieber Herr!" den Ruf ohn' Unterlass;
doch hat wohl keiner ihm Gehör verliehn.

Und ich? – War's Ungeschick, war es die Scham,
am Weg zu handeln mit dem Bettelkind?
Eh meine Hand zur Börse kam,
verscholl das Stimmlein hinter mir im Wind.

Doch als ich endlich war mit mir allein,
erfasste mich die Angst im Herzen so,
als säß mein eigen' Kind auf jenem Stein
und schrie nach Brot, indessen ich entfloh.

Theodor Storm

Von drauß', vom Walde komm ich her.
Ich muss euch sagen, es weihnachtet sehr!
Allüberall auf den Tannenspitzen
sah ich goldene Lichtlein blitzen.
Und droben aus dem Himmelstor
sah mit großen Augen das Christkind hervor.
Und wie ich so strolcht' durch den finsteren Tann,
da rief's mich mit heller Stimme an:
Knecht Ruprecht, rief es, alter Gesell,
hebe die Beine und spute dich schnell!
Die Kerzen fangen zu brennen an,
das Himmelstor ist aufgetan.
Alt und Jung sollen nun
von der Jagd des Lebens einmal ruhn.
Und morgen flieg ich hinab zur Erden,
denn es soll wieder Weihnachten werden!
Ich sprach: O lieber Herre Christ,
meine Reise fast zu Ende ist.
Ich soll nur noch in diese Stadt,
wo's eitel gute Kinder hat.
Hast denn das Säcklein auch bei dir?
Ich sprach, das Säcklein, das ist hier;
denn Äpfel, Nuss und Mandelkern
essen fromme Kinder gern.
Hast denn die Rute auch bei dir?
Ich sprach: Die Rute, die ist hier.
Doch für die Kinder nur, die schlechten,
die trifft es auf den Teil, den rechten.
Christkindlein sprach: So ist es recht.
So geh mit Gott, mein treuer Knecht!
Von drauß', vom Walde komm ich her.
Ich muss euch sagen, es weihnachtet sehr.

Theodor Storm

Winter

Mädchen, in die Kinderschuhe
tritt noch einmal mir behänd'!
Folg mir durch des Abends Ruhe,
wo der dunkle Taxus brennt.

Engel knien an der Schwelle,
hütend bei dem frommen Schein;
von den Lippen klingt es helle:
Nur die Kindlein gehen ein!

Doch du schaust mich an verwundert,
sprichst: „Vertreten sind die Schuh';
unter alt vergessnem Plunder
liegt die Puppe in der Truh'."

Horch nur auf! Die alten Märchen
ziehn dich in die alte Pracht!
Wie im Zauberwald das Pärchen
schwatzen wir die ganze Nacht.

Von Schneewittchen bei den Zwergen,
wo sie lebte unerkannt
und war hinter ihren Bergen
doch die Schönst' im ganzen Land.

Von Hans Bärlein, der im Streite
einen Riesenritter schlug,
der die Königstochter freite,
endlich gar die Krone trug.

Von dem Dichter auch daheime,
der ein Mädchen, groß und schlank,
durch die Zauberkraft der Reime
rückwärts in die Kindheit sang.

Theodor Storm

Vom Himmel in die tiefsten Klüfte
ein milder Stern herniederlacht.
Vom Tannenwalde steigen Düfte
und hauchen durch die Winterlüfte
und kerzenhelle ist die Nacht.
Mir ist das Herz so froh erschrocken.
Das ist die liebe Weihnachtszeit!
Ich höre fernher Kirchenglocken
mich lieblich heimatlich verlocken
in märchenstille Herrlichkeit.
Ein frommer Zauber hält mich wieder.
Anbetend, staunend muss ich stehn.
Es sinkt auf meine Augenlider
ein goldner Kindertraum hernieder.
Ich fühl's: Ein Wunder ist geschehen.

Theodor Storm

Ach, du lieber Nikolaus,
komm ganz schnell in unser Haus.
Hab so viel an dich gedacht!
Hast du mir was mitgebracht?

Volksgut

Viele Grüße will man schreiben;
das wird fast zur großen Plage.
Es soll bei wenigen Worten bleiben:
Wünsche frohe Weihnachtstage!

Volksgut

Christkind, komm in unser Haus.
Pack die großen Taschen aus.
Stell den Schimmel untern Tisch,
dass er Heu und Hafer frisst.
Heu und Hafer frisst er nicht,
Zuckerstangen kriegt er nicht!

Volksmund

Zum Jahreswechsel

Was ich meinem Vater wünsche
zu des Jahres Wechsel heut,
sind des Glückes schönste Gaben:
Wohlsein und Zufriedenheit.

Volksgut

Ich bring zum ersten Januar
euch meine schönsten Wünsche dar:
Bleibt glücklich und heiter
und liebt mich weiter!

Volksgut

Das alte Jahr gar schnell entwich.
Es konnt' sich kaum gedulden
und ließ mit Freuden hinter sich
den dicken Sack voll Schulden.

Wilhelm Busch

Das Schwein sei dein!

Wilhelm Busch

Geld lass von Herzen allen uns gönnen,
so viel die Esel nur tragen können.

Wilhelm Busch

Will das Glück nach seinem Sinn
dir was Gutes schenken,
sage Dank und nimm es hin
ohne viel Bedenken.

Jede Gabe sei begrüßt,
doch vor allen Dingen:
Das, worum du dich bemühst,
möge dir gelingen!

Wilhelm Busch

Unter Scherz und Spiel und Tanzen
soll dir dieses Jahr entfliehn,
Freunde deine Stirn umkränzen
und Gesundheit dich umblühn;
keine Stunde sei dir trübe,
immer heiter sei dein Blick,
holde Freundschaft, süße Liebe
mehre deines Lebens Glück!

Aus dem 19. Jahrhundert

Zum Jahreswechsel

Und wieder hier draußen ein neues Jahr.
Was werden die Tage bringen?
Wird's werden, wie es immer war,
halb scheitern, halb gelingen?
Wird's fördern das, worauf ich gebaut,
oder vollends es verderben?
Gleichviel, was es im Kessel braut,
nur wünscht' ich nicht zu sterben.
Ich möchte noch wieder im Vaterland
die Gläser klingen lassen
und wieder noch des Freundes Hand
im Einverständnis fassen.
Ich möchte noch wirken und schaffen und tun
und atmen eine Weile,
denn um im Grabe auszuruhn,
hat's nimmer Not und Eile.
Ich möchte leben, bis all dies Glühn
'rücklässt einen leuchtenden Funken
und nicht vergeht wie die Flamm' im Kamin,
die eben zu Asche gesunken.

Theodor Fontane

Habe ein heiteres, fröhliches Herz
in Januar, Februar und März,
sei immer dabei
in April und Mai,
kreische vor Lust
in Juni, Juli, August,
habe Verehrer, Freunde und Lober
in September und Oktober
und bleibe meine gute Schwester
bis zum Dezember und nächsten Silvester.

Theodor Fontane

Zum Jahreswechsel

Er ruft der Sonn' und schafft dem Mond,
das Jahr danach zu teilen.
Er schafft es, dass man sicher wohnt
und heißt die Zeiten eilen.
Er ordnet Jahre, Tag und Nacht:
Ach, lass uns ihm, dem Gott der Macht,
Ruhm, Preis und Dank erteilen!
Herr, der da ist und der da war,
von dankerfüllten Zungen
sei dir für das verflossene Jahr
ein heilig' Lied gesungen
für Leben, Wohlfahrt, Trost und Rat,
die uns durch dich gelungen.
Lass auch dies' Jahr gesegnet sein,
das du uns neu gegeben.
Verleih uns Kraft, die Kraft ist dein,
in deiner Furcht zu leben.
Du schützest uns und du vermehrst
der Menschen Glück, wenn sie zuerst
nach deinem Reiche streben.

Christian Fürchtegott Gellert

Das Rad der Zeit hat sich gewendet
und uns ein neues Jahr gespendet.
Was wird die nächste Zukunft bringen?
Kein Aug' kann ihre Nacht durchdringen.
Ich wünsch aus meiner Seele Grund:
Verbleiben froh Sie und gesund;
und was dem Alter an Beschwerden
anklebt, das mög' erträglich werden.
Sie sind des Besten sich bewusst,
es atmet leicht drum ihre Brust.
Der Lenker in den Höh'n bewahre
Ihr Leben noch recht viele Jahre;
spend' Ihnen hier im Voraus schon
den ganz und reich verdienten Lohn!

Aus dem 19. Jahrhundert

Das Jahrhundert ist vorgerückt;
jeder einzelne aber fängt doch von vorne an.

Johann Wolfgang von Goethe

Das neue Jahr sieht mich freundlich an
und ich lasse das alte mit seinem Sonnenschein
und Wolken ruhig hinter mir.

Johann Wolfgang von Goethe

Zum Jahreswechsel

Zwischen dem Alten,
zwischen dem Neuen
hier uns zu freuen,
schenkt uns das Glück,
und das Vergang'ne
heißt im Vertrauen
vorwärts zu schauen,
schauen zurück.

Stunden der Plage,
Lieder, sie scheiden
Treue von Leiden,
Liebe von Lust;
bessere Tage
sammeln uns wieder,
heitere Lieder
stärken die Brust.

Leiden und Freuden,
jener verschwund'nen,
sind die Verbund'nen.
Fröhlich gedenkt
o des Geschickes
seltsamer Windung!
Alte Verbindung,
neues Geschenk!

Dankt es dem Regen,
wogenden Glücke,
dankt dem Geschicke
männiglich Gut,
freut euch des Wechsels
heiterer Triebe,
offener Liebe,
heimlicher Glut.

Andere schauen
deckende Falten
über dem Alten
traurig und scheu;
aber uns leuchtet
freundliche Treue;
sehet, das Neue
findet uns neu.

So wie im Tanze
bald sich verschwindet,
wieder sich findet
liebendes Paar;
so durch des Lebens
wirrende Beugung
führe die Neigung
uns durchs Jahr.

Johann Wolfgang von Goethe

Zum Jahreswechsel

Gut ist der Vorsatz,
aber die Erfüllung schwer.

Johann Wolfgang von Goethe

Von Jahren zu Jahren
muss man viel Fremdes erfahren.
Du trachte, wie du lebst und leibst,
dass du nur immer derselbe bleibst.

Johann Wolfgang von Goethe

Im neuen Jahre Glück und Heil!
Auf Weh' und Wunden gute Salben.
Auf groben Klotz ein grober Keil,
auf einen Schelmen anderthalben!

Johann Wolfgang von Goethe

Zum neuen Jahr
hab ich der Wünsche eine Schar
und bringe bunt gemischt sie dar,
wie sie der lose Reim gebar.
Ich wünsche dem verliebten Paar
gebahnten Weg zum Traualtar,
dem Kahlkopf reich gelocktes Haar,
dem Pilger, dass er glücklich fahr',
dem Kindlein, dass es Gott bewahr',
Kundschaften fette dem Notar,
dem Trinker Rheinwein alt und klar,
dem Geizhals Tonnen Goldes bar,
ein Landgericht dem Aktuar,
die Bischofsmütze dem Vikar,
der Blinde seh' gleich einem Aar.
Kurz, mit dem ersten Januar
verschwinde jegliche Gefahr
vom Erdenrunde ganz und gar,
das Gute bleib nur immerdar!
Dies wünsche ich zum neuen Jahr
und was ich wünsche – werde wahr!

Fliegende Blätter

Zum Jahreswechsel

Mit der Freude zieht der Schmerz
traulich durch die Zeiten.
Schwere Stürme, milde Weste,
bange Sorgen, frohe Feste
wandeln sich zur Seiten.

Und wo eine Träne fällt,
blüht auch eine Rose.
Schon gemischt, noch eh wir's bitten,
ist für Throne und für Hütten
Schmerz und Lust im Lose.

War's nicht so im alten Jahr?
Wird's im neuen enden?
Sonnen wallen auf und nieder,
Wolken gehn und kommen wieder
und kein Wunsch wird's wenden.

Gebe denn, der über uns
wägt mit rechter Waage,
jedem Sinn für seine Freuden,
jedem Mut für seine Leiden
in die neuen Tage.

Jedem auf des Lebens Pfad
einen Freund zur Seite,
ein zufriedenes Gemüte;
und zu stiller Herzensgüte
Hoffnung ins Geleite!

Johann Peter Hebel

Bleibt im neuen Jahr gesund,
froh und glücklich jede Stund!

Volksgut

Das alte Jahr vergangen ist,
das neue Jahr beginnt.
Wir danken Gott zu dieser Frist.
Wohl uns, dass wir noch sind!
Wir sehn aufs alte Jahr zurück
und haben neuen Mut:
Ein neues Jahr, ein neues Glück.
Die Zeit ist immer gut.
Ein neues Jahr, ein neues Glück.
Wir ziehen froh hinein.
Und: Vorwärts, vorwärts, nie zurück!
soll unsre Losung sein.

Hoffmann von Fallersleben

In den Lüften schwellendes Gedröhne,
leicht wie Halme beugt der Wind die
Töne:

Leis' verhallen, die zum Ersten riefen,
neu' Geläute hebt sich aus den Tiefen.

Große Heere, nicht ein einz'ler Rufer!
Wohllaut flutet ohne Strand und Ufer.

Conrad Ferdinand Meyer

Zum Jahreswechsel

Nicht vom letzten Schlittengleise
bis zum neuen Flockentraum
zähl ich auf der Lebensreise
den erfüllten Jahresraum.

Nicht vom ersten frischen Singen,
das im Wald geboren ist,
bis die Zweige wieder klingen,
dauert mir die Jahresfrist.

Von der Kelter nicht zur Kelter
dreht sich mir des Jahres Schwung,
nein, in Flammen werd ich älter
und in Flammen wieder jung.

Von dem ersten Blitze heuer,
der aus dunkler Wolke sprang,
bis zu neuem Himmelsfeuer
rechne ich meinen Jahresgang.

Conrad Ferdinand Meyer

Wie heimlicherweise
ein Engelein leise
mit rosigen Füßen
die Erde betritt,
so nahte der Morgen.
Jauchzt ihm, ihr Frommen,
ein heilig Willkommen,
ein heilig Willkommen!
Herz, jauchze du mit!
In ihm sei's begonnen,
der Monde und Sonnen
an blauen Gezelten
des Himmels bewegt.
Du, Vater, du rate!
Lenke du und wende!
Herr, dir in die Hände
sei Anfang und Ende,
sei alles gelegt!

Eduard Mörike

Zum Jahreswechsel

Wir sehen froh das alte Jahr
zu seinen Brüdern schweben,
und wenn's uns nicht stets günstig war,
wir wollen's ihm vergeben;
es kann nicht immer Sonnenschein,
es muss auch trüber Himmel sein.

Was uns das Neugeborne bringt,
ist noch in Nacht verborgen;
doch wenn uns Lieb' und Freundschaft
winkt,
so dürfen wir nicht sorgen.
Drum lasset Liebe, Freundschaft, Wein
im neuen Jahr die Losung sein.

Aus dem 19. Jahrhundert

Herr! Schicke, was du willst,
ein Liebes oder Leides;
ich bin vergnügt, dass beides
aus deinen Händen quillt.
Wollest mit Freuden
und wollest mit Leiden
mich nicht überschütten.
Doch in der Mitten
liegt holdes Bescheiden.

Eduard Mörike

Am Abend wird man klug
für den vergangnen Tag,
doch niemals klug genug
für den, der kommen mag.

Friedrich Rückert

Segen, Glück, Zufriedenheit,
Freude nur und Heiterkeit
bringe euch das neue Jahr,
liebe Eltern, reichlich dar!

Volksgut

Zum Jahreswechsel

Wir machen unsere stille Runde
das Dorf entlang
und tun zur mitternächt'gen Stunde
den Abgesang.
Ein altes Jahr entschwebet,
wie sich der Hammer hebet
zum zwölften Klang;
weg ist's auf immerdar!
Nun bringen wir ein neues Jahr,
ein bessres, als das alte war.

Wo sich die Wohnung hat bereitet
Zufriedenheit
und drinnen sich ihr Bett gebreitet
die Einigkeit, wo sich von Tag zu Tage
mit Arbeit ohne Klage gibt das Geleit
ein treu verbundnes Paar,
dem wünschen wir ein neues Jahr,
ein gutes, wie das alte war.

Wo unverträglich mit der Angel
die Türe knarrt,
wo fauler Müßiggang dem Mangel
entgegenharrt,
wo am zerzausten Rocken
die wunden Finger stocken,
wo Frost erstarrt,
wo Holz und Licht sind rar;
da wünschen wir ein neues Jahr,
ein bessres, als das alte war.

Die unbeschränkten Wünsche dehnen
ins Nichts sich aus,
doch Überfluss von Kummertränen
ertränkt ein Haus;
da ist Genüg' und Frieden,
wo jedem ist beschieden
sein Teil zum Schmaus,
das wird auf Erden wahr!
So wünschen wir ein neues Jahr,
ein bessres, als das alte war.

Friedrich Rückert

Ein neues Jahr nimmt seinen Lauf.
Die junge Sonne steigt herauf.
Bald schmilzt der Schnee, bald taut das Eis.
Bald schwillt die Knospe schon am Reis.
Bald werden die Wiesen voll Blumen sein,
die Äcker voll Korn, die Hügel voll Wein.

Volksgut

Eltern, die ich zärtlich ehre,
mein Herz ist heut voll Dankbarkeit.
Der treue Gott dies' Jahr vermehre,
was euch erquickt zu jeder Zeit!
Der Herr, die Quelle aller Freude,
verbleibe euer Trost und Teil;
sein Wort sei eures Herzens Weide
und Jesus das erwünschte Heil.
Ich dank für alle Liebesproben,
für alle Sorgfalt und Geduld,
mein Herz soll alle Güte loben
und trösten sich stets eurer Huld,
Gehorsam, Fleiß und zarte Liebe
verspreche ich auch dieses Jahr.
Der Herr schenk mir nur gute Triebe
und mache all mein Wünschen wahr.
Amen.

Friedrich Schiller

Es kommt das Leid,
es geht die Freud,
es kommt die Freud,
da geht das Leid –
die Tage sind nimmer dieselben.

Theodor Storm

Der Zeitlauf bringt ein neues Jahr,
ich bring euch meine Wünsche dar:
Der gute Himmel schenk euch beiden
für eure Liebe Glück und Freuden!

Verfasser unbekannt

Zum Jahreswechsel

Es drängt sich wohl zum neuen Jahr
zu dir heut eine bunte Schar
von Kunden, Freunden und Verwandten
in Putz und Schmuck als Gratulanten.

Ihr Mund ist aller Wünsche voll
für dich und deines Hauses Wohl,
Glück über Glück klingt's rund im Kreise
nach alter Gratulantenweise.

Wenn mancher auch – zweifle nicht,
nicht ganz so denkt, als wie er spricht;
aus meinem Mund, ich kann's beschwören,
sollst du die laut're Wahrheit hören.

Bleib stets gesund und wohlgemut,
mir aber bleib vor allem gut;
um zu erheitern dir das Leben,
will ich aus allen Kräften streben.

Unschätzbar ist mir deine Huld,
ihr gleicht die Größe meiner Schuld;
du wirst nicht müde, sie zu mehren,
sie tilgt sich einst in höhern Sphären.

Aus dem 19. Jahrhundert

Glückwünsche und Verse
zu anderen Anlässen

Ausbildung und Beruf

Klugheit wagt keinen hohen Flug,
hält sich in sicherem Gleise.
Ihr eigenes Wohl ist ihr genug –
Weisheit zieht größere Kreise.
Der weise Mann ist selten klug
und der kluge selten weise.

Friedrich von Bodenstedt

Arbeit, edle Himmelsgabe,
zu der Menschen Heil erkoren!
Nie bleibt ohne Trost und Labe,
wer sich deinem Dienst geschworen.

Friedrich von Bodenstedt

Sammle dich in jeglichem Geschäfte,
nie zersplittre deine Kräfte,
teilnahmsvoll erschließe Herz und Sinn,
dass du freundlich andern dich verbinde,
doch nur da gib ganz dich hin,
wo du dich ganz wieder findest.

Friedrich von Bodenstedt

Willst du klug durchs Leben wandern,
prüfe andre, doch auch dich!
Jeder täuscht gar gern den andern,
doch am liebsten jeder sich.

Friedrich von Bodenstedt

Die Selbstkritik hat viel für sich.
Gesetzt den Fall, ich tadle mich,
so hab ich erstens den Gewinn,
dass ich so hübsch bescheiden bin;
zum zweiten denken sich die Leut,
der Mann ist lauter Redlichkeit;
auch schnapp ich drittens diesen
Bissen
vorweg den andren Kritikküssen;
und viertens hoff ich außerdem
auf Widerspruch, der mir genehm.
So kommt es denn zuletzt heraus,
dass ich ein ganz famoses Haus.

Wilhelm Busch

Also lautet der Beschluss,
dass der Mensch was lernen muss.
Nicht allein das Abc
bringt den Menschen in die Höh';
nicht allein im Schreiben, Lesen
übt sich ein vernünftig' Wesen;
nicht allein in Rechnungssachen
soll der Mensch sich Mühe machen;
sondern auch der Weisheit Lehren
muss man mit Vergnügen hören.

Wilhelm Busch

Wonach du sehnlich ausgeschaut,
es wurde dir beschieden.
Du triumphierst und jubelst laut:
Jetzt hab ich endlich Frieden!

Ach, Freundchen, rede nicht so wild,
bezähme deine Zunge!
Ein jeder Wunsch, wenn er erfüllt,
kriegt augenblicklich Junge.

Wilhelm Busch

Wenn andre klüger sind als wir,
das macht uns selten nur Pläsier,
doch die Gewissheit, dass sie dümmer,
erfreut fast immer.

Wilhelm Busch

Zur Arbeit ist kein Bub geschaffen,
das Lernen findet er nicht schön;
er möchte träumen, möchte gaffen
und Vogelnester suchen gehn.

Er liebt es, lang im Bett zu liegen
und wie es halt im Leben geht:
Grad zu den frühen Morgenzügen
kommt man am leichtesten zu spät.

Wilhelm Busch

Ausbildung und Beruf

Mein Kind, es sind allhier die Dinge,
gleichviel, ob große, ob geringe,
im Wesentlichen so verpackt,
dass man sie nicht mit Mühe knackt.

Wie solltest du dich unterwinden,
kurzweg die Menschen zu ergründen.
Du kennst sie nur von außenwärts.
Du siehst die Weste, nicht das Herz.

Wilhelm Busch

Halt dein Rösslein nur im Zügel,
kommst ja doch nicht allzu weit.
Hinter jedem neuen Hügel
dehnt sich die Unendlichkeit.

Nenne niemand dumm und säumig,
der das Nächste recht bedenkt.
Ach, die Welt ist so geräumig –
und der Kopf ist so beschränkt.

Wilhelm Busch

Der klugen Leute Ungeschick
stimmt uns besonders heiter;
man fühlt doch für den Augenblick
sich auch einmal gescheiter.

Wilhelm Busch

Gehorchen wird jeder mit Genuss
den Frauen, den hoch geschätzten,
hingegen machen uns Verdruss
die sonstigen Vorgesetzten.
Nur wenn ein kleines Missgeschick
betrifft den Treiber und den Leiter,
dann fühlt man für den Augenblick
sich sehr befriedigt und heiter.

Wilhelm Busch

Früher, da ich unerfahren
und bescheidner war als heute,
hatten meine höchste Achtung
andre Leute.

Später traf ich auf der Weide
außer mir noch meh're Kälber
und nun schätz ich, sozusagen,
erst mich selber.

Wilhelm Busch

Ach, ich fühl es! Keine Tugend
ist so recht nach meinem Sinn;
stets befind ich mich am wohlsten,
wenn ich damit fertig bin.

Dahingegen so ein Laster,
ja, das macht mir viel Pläsir
und ich hab die hübschen Sachen
lieber vor als hinter mir.

Wilhelm Busch

Mein Sohn, hast du allhier auf Erden
dir vorgenommen, was zu werden,
sei nicht zu keck;
und denkst du, sei ein stiller Denker.
Nicht leicht befördert wird der Stänker.
Mit Demut salbe deinen Rücken,
voll Ehrfurcht hast du dich zu bücken,
musst heucheln, schmeicheln, musst dich fügen;
denn selbstverständlich nur durch Lügen
kommst du vom Fleck.
O tu's mit Eifer, tu's geduldig,
bedenk, was du dir selber schuldig.
Das Gönnerherz wird sich erweichen,
und wohlverdient wirst du erreichen
den guten Zweck.

Wilhelm Busch

Die Summe unserer Erkenntnisse besteht aus dem,
was wir gelernt, und aus dem, was wir vergessen haben.

Marie von Ebner-Eschenbach

Wenn es einen Glauben gibt, der Berge versetzen kann,
so ist es der Glaube an die eigene Kraft.

Marie von Ebner-Eschenbach

Ausbildung und Beruf

Wir wandern nun schon viel' hundert Jahr'
und kommen doch nicht von der Stelle –
der Strom wohl rauscht an die tausend gar
und kommt doch nicht zur Quelle.

Joseph von Eichendorff

Das flücht'ge Lob, des Tages Ruhm
magst du dem Eitlen gönnen;
das aber sei dein Heiligtum:
vor dir bestehen können.

Theodor Fontane

Was du gründlich verstehst, das mache,
was du gründlich erfuhrst, das sprich!
Bist du Meister im eigenen Fache,
schmäht kein Schweigen im Fremden dich.
Das Reden von allem magst du gönnen
denen, die selbst nichts machen können.

Emanuel Geibel

Studiere nur und raste nie,
du kommst nicht weit mit deinen Schlüssen;
das ist das Ende der Philosophie,
zu wissen, dass wir glauben müssen.

Emanuel Geibel

Das Größte ist das Alphabet,
denn alle Weisheit steckt darin,
aber nur der erkennt den Sinn,
der's recht zusammenzusetzen versteht.

Emanuel Geibel

Dem Aste gleich, darauf der Vogel schlummert, ist
erlernte Weisheit dir ein Halt bei stiller Frist;
doch in der Zeit des Sturms zerbricht gar leicht der Ast;
weh dir, wenn du alsdann nicht selber Flügel hast!

Emanuel Geibel

Um keinen Preis gestehe du
der Mittelmäßigkeit was zu!
Hast du dich erst mit ihr vertragen,
so wird dir's bald bei ihr behagen,
bis du zuletzt, du weißt nicht wie,
geworden bist so flach wie sie.

Emanuel Geibel

's ist eben manchen Leuten eigen,
dass ihnen Schlichtes nicht gerät;
sie müssen immer ins Fenster steigen,
auch wenn die Haustür offen steht.

Emanuel Geibel

Warum du wider alles Hoffen
noch niemals mitten ins Schwarze getroffen?
Weil du's nicht lassen konntest, beim Zielen
immer ins Publikum zu schielen

Emanuel Geibel

Genieße, was dir Gott beschieden,
entbehre gern, was du nicht hast.
Ein jeder Stand hat seinen Frieden,
ein jeder Stand hat seine Last.

Christian Fürchtegott Gellert

Ausbildung und Beruf

Wer soll Lehrling sein?
Jedermann;
wer soll Geselle sein?
Wer was kann;
wer soll Meister sein?
Wer was ersann.

Johann Wolfgang von Goethe

Eigentlich weiß man nur,
wenn man wenig weiß.
Mit dem Wissen wächst der Zweifel.

Johann Wolfgang von Goethe

Was verkürzt mir die Zeit?
Tätigkeit!
Was macht sie unerträglich lang?
Müßiggang!
Was bringt in Schulden?
Harren und Dulden!
Was macht Gewinnen?
Nicht lange besinnen!
Was bringt zu Ehren?
Sich wehren!

Johann Wolfgang von Goethe

Mit seltsamen Gebärden
gibt man sich viele Pein,
kein Mensch will etwas werden,
ein jeder will schon was sein.

Johann Wolfgang von Goethe

Wer mit dem Leben spielt,
kommt nie zurecht;
wer sich nicht selbst befiehlt,
bleibt immer ein Knecht.

Johann Wolfgang von Goethe

Es irrt der Mensch, solang er strebt.

Johann Wolfgang von Goethe

Wie etwas sei leicht,
weiß, der es erfunden und der
es erreicht.

Johann Wolfgang von Goethe

Volk und Knecht und Überwinder,
sie gestehn zu jeder Zeit:
Höchstes Glück der Erdenkinder
sei nur die Persönlichkeit.

Jedes Leben sei zu führen,
wenn man sich nicht selbst vermisst;
alles könne man verlieren,
wenn man bliebe, was man ist.

Johann Wolfgang von Goethe

Von heiligen Männern und von weisen
ließ' ich mich recht gern unterweisen,
aber es müsste kurz geschehn,
langes Reden will mir nicht anstehn:
Wonach soll man am Ende trachten?
Die Welt zu kennen
und sie nicht zu verachten.

Johann Wolfgang von Goethe

Lass dich nur in keiner Zeit
zum Widerspruch verleiten,
Weise fallen in Unwissenheit,
wenn sie mit Unwissenden streiten.

Johann Wolfgang von Goethe

Ausbildung und Beruf

Ausbildung und Beruf

Edel sei der Mensch,
hilfreich und gut!
Denn das allein
unterscheidet ihn
von allen Wesen,
die wir kennen.

Johann Wolfgang von Goethe

Nutze deine jungen Tage,
lerne zeitig, klüger sein.
Auf des Glückes großer Waage
steht die Zunge selten ein.
Du musst steigen oder sinken,
du musst herrschen und gewinnen
oder dienen und verlieren,
leiden oder triumphieren,
Amboss oder Hammer sein!

Johann Wolfgang von Goethe

Wenn du dich selber machst zum Knecht,
bedauert dich niemand, geht's dir schlecht;
machst du dich aber selbst zum Herrn,
die Leute sehn es auch nicht gern;
und bleibst du endlich, wie du bist,
so sagen sie, dass nichts an dir ist.

Johann Wolfgang von Goethe

Bei mancherlei Geschäftigkeit
hast du dich ungeschickt benommen.
Ohne jede Verrücktheit
wär ich nicht so weit gekommen.

Johann Wolfgang von Goethe

Werde, was du noch nicht bist,
bleibe, was du jetzt schon bist:
In diesem Bleiben und diesem Werden
liegt alles Schöne hier auf Erden.

Franz Grillparzer

Ausbildung und Beruf

Es will jetzt neu sein jeder Tropf
und kann nichts finden, trotz allen Geschreies:
Da stellt er das Alte auf den Kopf
und hat so was Neues.

Franz Grillparzer

An kleinen Dingen
muss man sich nicht stoßen,
wenn man zu großen
auf dem Weg ist.

Friedrich Hebbel

Wer sich um Weisheit müht
und nicht anwendet die Weisheit,
gleicht dem Manne, der pflügt,
aber zu säen vergisst.

Johann Gottfried von Herder

Arbeit ist des Blutes Balsam,
Arbeit ist der Tugend Quell'.

Johann Gottfried von Herder

Versuch's und übertreib's einmal,
gleich ist die Welt von dir entzückt.
Das Grenzenlose heißt genial,
wär's auch nur grenzenlos verrückt.

Paul Heyse

Du hast so vieles schon getan,
dünkt dir nicht endlich die Ruhe labend? –
Freun kann mich nur der Feierabend,
fängt morgen wieder die Arbeit an.

Paul Heyse

Fordere kein lautes Anerkennen!
Könne was und man wird dich kennen.

Paul Heyse

Ausbildung und Beruf

Was macht der Bruder Studio
drei ganze Jahre lang?
Er lebt nach seinem Animo
und ziemlich ohne Zwang.
Er hört nach Vorschrift dies und das
und weiß davon noch selten was,
doch schmiert er fleißig nach und
schmiert,
was der Professor ihm diktiert.

Der Herr Professor hat doziert,
das heißt: Er hat diktiert.
Der Studio hat nachgeschmiert,
das heißt: Er hat's kapiert.
Ist das Collegium nun aus,
trägt er die Weisheit flink nach Haus
und sieht das Heft nicht wieder an,
weil er's ja selbst nicht lesen kann.

Und sind die sechs Semester um,
was hat er profitiert?
Er hörte manch Collegium
und hat nun ausstudiert.
Nun fragt ihn mal, den Matador!
Er ist noch dümmer als zuvor,
doch hat er nun einmal studiert,
weil's auf dem Bogen steht testiert.

Hoffmann von Fallersleben

Wie wenig ist am Ende
der Lebensbahn dran gelegen,
was wir erlebten,
und wie unendlich viel,
was wir daraus machten.

Wilhelm von Humboldt

Der Edle verlangt alles von sich selbst,
der Unedle erwartet alles von den
anderen.

Konfuzius

Lernen und nicht denken ist nichtig.
Denken und nicht lernen ist gefährlich.

Konfuzius

Der Langsame, der sein Ziel
nicht aus den Augen verliert,
geht noch immer geschwinder
als der, der ohne Ziel herumirrt.

Gotthold Ephraim Lessing

Ausbildung und Beruf

Einem trauen ist genug;
keinem trauen ist nicht klug;
doch ist's besser keinem trauen,
als auf gar zu viele bauen.
Friedrich von Logau

Der kann andre nicht regieren,
der sich selbst nicht recht kann führen.
Friedrich von Logau

Klug an Hirne,
schön an Stirne
bringt den Mann
hoch hinan.
Friedrich von Logau

Lernst du wohl,
wirst du gebratener Hühner voll.
Lernst du übel,
musst du mit der Sau zum Kübel.
Martin Luther

Denn viele sind berufen,
aber nur wenige sind auserwählt.
Matthäus 22,14

Bildung ist ein unentreißbarer Besitz.
Meander

Was wir wissen, ist ein Tropfen,
was wir nicht wissen – ein Ozean.
Isaac Newton

Ausbildung und Beruf

Bleib nicht auf ebnem Feld!
Steig nicht so hoch hinaus!
Am schönsten sieht die Welt
von halber Höhe aus.

Friedrich Wilhelm Nietzsche

Ruh' ist Göttern nur gegeben,
ihnen ziemt der Überfluss.
Doch für uns ist Handeln Leben.

Novalis

Fang deine Arbeit munter an,
so ist sie auch schon halb getan.

Friedrich Rückert

Aufmerksamkeit, mein Sohn, ist,
was ich dir empfehle;
bei dem, wobei du bist,
zu sein mit ganzer Seele.

Friedrich Rückert

Nie stille steht die Zeit,
der Augenblick entschwebt
und den du nicht benutzt,
den hast du nicht gelebt.
Und auch du stehst nie still,
der Gleiche bist du nimmer
und wer nicht besser wird,
ist schon geworden schlimmer.
Wer einen Tag der Welt nicht nutzt,
hat ihr geschadet,
weil er versäumt,
wozu ihn Gott mit Kraft begnadet.

Friedrich Rückert

Prahl nicht heute: Morgen will
dieses oder das ich tun.
Schweige doch bis morgen still,
sage dann: Das tat ich nun.

Friedrich Rückert

Ein Festtag soll dich stärken
zu deines Werktags Werken,
dass du an dein Geschäfte
mitbringest frische Kräfte.
Du darfst nicht in den Freuden
die Kräfte selbst vergeuden;
neu sollen sie ersprießen
aus mächtigem Genießen.

Friedrich Rückert

Der Verstand ist im Menschen zu Haus
wie der Funken im Stein;
er schlägt sich nicht von selbst hinaus,
er will herausgeschlagen sein.

Friedrich Rückert

Füge dich der Zeit,
erfülle deinen Platz
und räum ihn auch getrost:
Es fehlt nicht an Ersatz.

Friedrich Rückert

Das sind die Weisen,
die durch Irrtum zur Wahrheit reisen.
Die bei dem Irrtum verharren,
das sind die Narren.

Friedrich Rückert

Der Erfolg ist offenbar,
die Absicht aber ist niemals klar.
Drum wird man alle
Menschengeschichten
ewig nach dem Erfolge richten.

Friedrich Rückert

Der Lehrer strebe nur,
sich selber zu entfalten,
der Schüler lerne nur,
sein Eignes zu gestalten.

Friedrich Rückert

Ausbildung und Beruf

Doch glaub, dem alles schön gelingt in seinem Leben,
für den hat bald der Weltkreis nicht mehr Raum.

Friedrich von Schiller

Ein jeglicher versucht sein Glück;
doch schmal nur ist die Bahn zum Rennen.
Der Wagen rollt, die Achsen brennen.
Der Held dringt kühn voran,
der Schwächling bleibt zurück,
der Stolze fällt mit lächerlichem Falle. –
Der Kluge überholt sie alle.

Friedrich von Schiller

Rastlos vorwärts musst du streben,
nie ermüdet stille stehn,
willst du die Vollendung sehn;
musst ins Breite dich entfalten,
soll sich dir die Welt gestalten,
in die Tiefe musst du steigen,
soll sich dir das Wesen zeigen.
Nur Beharrung führt zum Ziel,
nur die Fülle führt zur Klarheit
und im Abgrund wohnt die Wahrheit.

Friedrich von Schiller

Von der Stirne heiß
rinnen muss der Schweiß,
soll das Werk den Meister loben;
doch der Segen kommt von oben.

Friedrich von Schiller

Der eine fragt: „Was kommt
danach?"
Der andre fragt nur: „Ist es recht?"
Und also unterscheidet sich
der Freie von dem Knecht.

Theodor Storm

Was du immer kannst, zu werden,
Arbeit scheue nicht und Wachen;
aber hüte deine Seele
vor dem Karrieremachen!

Theodor Storm

Er reibt sich die Hände: „Wir kriegen's jetzt!
Auch der frechste Bursche spüret
schon bis hinab in die Fingerspitz',
dass er von oben wird regieret.
Bei jeder Geburt ist künftig sofort
der Antrag zu formulieren,
dass die hohe Behörde dem lieben Kind
gestatte zu existieren!"

Theodor Storm

Niemand ist glücklicher zu preisen als derjenige,
der im Buche der Natur zu lesen weiß, das Gott
vor unseren Augen aufgeschlagen hat.
Die Erkenntnisse, die er dabei erringt, sind sein Eigentum.
Zudem bildet und entwickelt er durch dieses Studium seinen Geist.

Voltaire

Wer seine Arbeit so betreibt,
dass stets ein Stück
für morgen bleibt,
dem schwillt die Schuld
so riesig an,
dass er sie niemals tilgen kann.
Der rechte Mann begleicht
sein Soll
an jedem Tage ganz und voll.
Er schlaft getrost und hinterlässt
am letzten Tag
den kleinsten Rest.

Karl Maria Freiherr von Weber

Zum Eigenheim

Zwei mal zwei gleich vier ist Wahrheit.
Schade, dass sie leicht und leer ist,
denn ich wollte lieber Klarheit
über das, was voll und schwer ist.

Emsig sucht' ich aufzufinden,
was im tiefsten Grunde wurzelt,
lief umher nach allen Winden
und bin oft dabei gepurzelt.

Endlich baut' ich eine Hütte.
Still nun zwischen ihren Wänden
sitz ich in der Welten Mitte,
unbekümmert um die Enden.

Wilhelm Busch

Wem Fortuna ein Haus geschenkt,
dem schenkt sie auch Möbel.

Wilhelm Busch

Brech der lustige Sonnenschein
mit der Tür euch ins Haus hinein,
dass alle Stuben so frühlingshelle;
ein Engel auf des Hauses Schwelle
mit seinem Glanze säume
Hof, Garten, Feld und Bäume
und geht die Sonne abends aus,
führ er die Müden mild nach Haus.

Joseph von Eichendorff

Nun aus Ost und West der Sturm
droht heranzubrausen,
lasst uns gründen einen Turm,
dass darin wir hausen!

Baut die Mauern stark und fügt
fest an Balkenstützen,
wenn's zurzeit auch nur genügt,
uns im Braus zu schützen!

Sind wir unter sichrem Dach
glücklich erst geborgen,
lässt für wohnliches Gemach
sich schon weiter sorgen.

Wann verbraust der Hagelschlag
an den nackten Wänden,
mögt ihr froh am heitern Tag,
was sie schmückt, vollenden!

Freudenschall und Farbenflor
rufe dann zum Feste
und es öffnet sich das Tor
weit für teure Gäste!

Emanuel Geibel

Zum Eigenheim

Hast du ein gegründet' Haus,
fleh die Götter alle,
dass es, bis man dich trägt hinaus,
nicht zu Schutt zerfalle
und noch lange hinterdrein
Kindeskindern diene
und umher ein frischer Hain
immer neu ergrüne.

Johann Wolfgang von Goethe

Und wo die Herzen weit sind,
da ist auch das Haus nicht zu eng.

Johann Wolfgang von Goethe

O wie glücklich ist der,
dem Vater und Mutter
das Haus schon wohlbestellt übergeben.

Johann Wolfgang von Goethe

In jedes Haus, wo Liebe wohnt,
da scheint hinein auch Sonn' und Mond,
und ist es noch so ärmlich klein,
es kommt der Frühling doch hinein.

Hoffmann von Fallersleben

Das größte Haus ist eng,
das kleinste Haus ist weit,
wenn dort ein Gedräng'
und hier Zufriedenheit.

Martin Luther

Der Herr muss selber sein der Knecht,
will er's im Hause finden recht.
Die Frau muss selber sein die Magd,
will sie im Hause schaffen Rat.
Gesinde nimmermehr bedenkt,
was Nutz' und Schad' im Hause brengt.
Es ist ihm nicht gelegen dran,
weil sie es nicht für eigen han.

Martin Luther

Wie manche Kunst, man sagt's nicht aus,
muss helfen, um zu baun ein Haus!
Die Kunde hab ich erst gewonnen,
nachdem ich eins zu baun begonnen.
Zusammen wirkt da jede Zunft,
als ständ' am Weltbau Weltvernunft;
und wie sie durcheinander rennen,
scheint jeder seinen Platz zu kennen.
Wie dieser dies und jener das
und jeder tut, ich weiß nicht was,
muss ich sie nur gewähren lassen
und auf die Kostenzettel passen.
Wär alles dies nicht längst erdacht,
ich hätt es nicht hervorgebracht
und hätte müssen mich begnügen,
ein Hüttendach aus Rohr zu fügen.

Friedrich Rückert

Zum Eigenheim

Erst nach dem Nachbar schaue,
sodann ein Haus dir baue.

Friedrich Rückert

Mal innen dein Zimmer aus,
dass sich daran dein Aug' erquicke;
lass außen ungeschmückt dein Haus,
dass es nicht reize Feindesblicke.

Friedrich Rückert

Zum neuen Heime wünschen wir,
dass ihr glücklich und zufrieden seid.
Zu eurem Einzug haben hier
zwei Gaben wir bereit:
Das Brot, es gehe niemals aus,
und Salz, das würze jeden Schmaus,
solange ihr hier weilt
und euer Brot mit guten Freunden teilt.
Solange ihr habt Salz und Brot
bleibt ferne von euch alle Not.

Friedrich Rückert

Raum ist in der kleinsten Hütte
für ein glücklich liebend' Paar.

Friedrich von Schiller

Wer Gott vertraut,
hat wohl gebaut.
Lug, Untreu und falschem Schein
soll dieses Haus verschlossen sein.
Dein Leib verwest, dein Herz zerfällt,
Staub wird einst alle Erdenwelt;
doch niemals stirbt, was Menschenkraft
im Geist und in der Wahrheit schafft.

Johann Victor von Scheffel

Eigener Herd
ist Goldes wert.

Sprichwort

Wenn wir bauen wollen,
beschaun wir erst den Platz, ziehn einen Riss:
Und sehn wir die Gestalt des Hauses nun,
dann müssen wir des Baues Aufwand schätzen.
Ergibt sich's, dass er über unsre Kräfte,
was tun wir, als den Riss von neuem ziehn
mit weniger'n Gemächern oder ganz abstehn vom Bau?

Shakespeare

Das neue Haus ist aufgerichtet,
gedeckt, gemauert ist es nicht.
Noch können Regen und Sonnenschein
von oben und überall herein:
Drum rufen wir zum Meister der Welt,
er wolle von dem Himmelszelt
nur Heil und Segen gießen aus
hier über dieses offne Haus.
Zuoberst soll er gut Gedeihn
in die Kornböden uns verleihn;
in die Stube Fleiß und Frömmigkeit,
in die Küche Maß und Reinlichkeit,
in den Stall Gesundheit allermeist,
in den Keller dem Wein einen guten Geist,
die Fenster und Pforten woll' er weihn,
dass nichts Unseliges komm' herein,
und dass aus dieser neuen Tür
bald fromme Kindlein springen für.
Nun, Maurer, deckt und mauert aus!
Der Segen Gottes ist im Haus!

Ludwig Uhland

Trinksprüche zu fröhlichen Feiern

Bringt mir Blut der edlen Reben,
bringt mir Wein!
Wie ein Frühlingsvogel schweben
in den Lüften soll mein Leben
bei dem Wein!

Bringt mir Efeu, bringt mir Rosen
zu dem Wein!
Mag Fortuna sich erbosen,
selbst will ich mein Glück mir losen
in dem Wein!

Bringt mir Mägdlein hold und mundlich
zu dem Wein!
Rollt die Stunde glatt und rundlich,
greif ich mir die Lust sekundlich
in dem Wein!

Klang dir Bacchus Gott der Liebe
in dem Wein!
Sorgen fliehen fort wie Diebe
und wie Helden glühn die Triebe
bei dem Wein!

Höchster Klang, wem sollst du klingen
in dem Wein?
Süßestes von allen Dingen,
dir, o Freiheit, will ich's bringen
in dem Wein!

Ernst Moritz Arndt

Der ist nicht wert des Weines,
der ihn wie Wasser trinke.

Friedrich von Bodenstedt

Es ist halt schön,
wenn wir die Freunde kommen sehn. –
Schön ist es ferner, wenn sie bleiben
und sich mit uns die Zeit vertreiben. –
Doch wenn sie schließlich wieder gehn,
ist's auch recht schön.

Wilhelm Busch

Dies für den und das für jenen.
Viele Tische sind gedeckt.
Keine Zunge soll verhöhnen,
was der andern Zunge schmeckt.

Lass jedem seine Freuden,
gönn ihm, dass er sich erquickt,
wenn er sittsam und bescheiden
auf den eignen Teller blickt.

Wenn jedoch bei deinem Tisch er
unverschämt dich neckt und stört,
dann so gib ihm einen Wischer,
dass er merkt, was sich gehört.

Wilhelm Busch

Sie stritten sich beim Wein herum,
was das nun wieder wäre;
das mit dem Darwin wär gar zu dumm
und wider die menschliche Ehre.

Sie tranken manchen Humpen aus,
sie stolperten aus den Türen,
sie grunzten vernehmlich und kamen zu Haus
gekrochen auf allen vieren.

Wilhelm Busch

Trinksprüche zu fröhlichen Feiern

Nun ist euch allen wohl bekannt,
der Busenfreund, den ich erfand,
der segensreiche Labetrank,
der, sei man munter oder krank,
erwärmend dringt bei hoch und nieder
durch Kopf, Herz, Magen und die Glieder.

Wilhelm Busch

Die erste Pflicht der Musensöhne
ist, dass man sich ans Bier gewöhne.

Wilhelm Busch

Im Wirtshaus an der Brucken
saß ich den ganzen Tag.
Ich saß wohl bis zum Abend
und sann dem Dinge nach.

Im Wirtshaus an der Brucken,
da wird der Dümmste klug.
Des Nachts um halber zwölfe,
da war ich klug genug.

Des Nachts um halber zwölfe
hub ich mich von der Bank
und zahlte meine Zeche
mit zehen Gulden blank.

Ich zahlte meine Zeche,
da war mein Beutel leer –
ich hatt' einmal zehn Gulden.
Die hab ich jetzt nicht mehr.

Wilhelm Busch

Trinksprüche zu fröhlichen Feiern

Stiftungslied
Reicht den Becher in die Runde!
Freudig preisen wir die Stunde,
wo wir uns aus fernen Landen
brüderlich zusammenfanden
zu dem schönsten Jugendbunde.

Alter Neid, der uns verblieben,
alter Hass, er sei vertrieben.
Wer da hasst, der lebt vergebens,
denn die Summe unsres Lebens
sind die Stunden, wo wir lieben.

Wo wir irren, wo wir fehlen,
wollen wir uns nicht verhehlen;
aber heimlich und im Rücken
der Verleumdung Dolch zu zücken,
bleibe den gemeinen Seelen.

Was wir denken, was wir streben,
was wir lieben und erleben,
sei vereint in diesen Stunden
doppelt schön von uns empfunden,
unsre Herzen zu erheben.

Dieser Geist, der uns durchdrungen,
lebe frisch und unbezwungen
immerfort in diesen Hallen,
wenn wir längst zu Staub zerfallen
und dies Lied schon längst verklungen.
Wilhelm Busch

Es ist ein Brauch von alters her:
Wer Sorgen hat, hat auch Likör.
Wilhelm Busch

Einen Menschen namens Meyer
schubst man aus des Hauses Tor
und man sagt, betrunken sei er,
selber kam's ihm nicht so vor.
Wilhelm Busch

Gestern ging ich wieder mal
in die Schenke schnelle,
wie der durst'ge Pilgersmann
eilt aus der Kapelle.

Alldieweil der Durst so groß,
trink ich etwas eil'ger
und erglänze alsobald
wie ein neuer Heil'ger.
Wilhelm Busch

Trinksprüche zu fröhlichen Feiern

Der Wein ist ein vortrefflich' Ding,
die Weiber achten's leider zu gering
und haben's nicht bedacht.
Er stärket den Mut,
bewegt das Herz in frischer Glut,
er stärket den Mut,
bewegt das Herz
bei Tage und bei Nacht!

Wilhelm Busch

Viel Essen macht viel breiter
und hilft zum Himmel nicht,
es kracht die Himmelsleiter,
kommt so ein schwerer Wicht.
Das Trinken ist gescheiter,
das schmeckt schon nach Idee,
da braucht man keine Leiter,
das geht gleich in die Höh'.

Joseph von Eichendorff

Recht zu trinken ist eine Kunst,
die nicht jeglicher weiß zu fassen;
du sollst den Wein in dir wallen lassen,
aber als Feuer, nicht als Dunst.

Emanuel Geibel

Der Wein, der Wein ist Goldes wert.
Er lindert alle Schmerzen,
er macht die Dummen oft gelehrt
und bessert böse Herzen.

Volksmund

Trinksprüche zu fröhlichen Feiern

Du hast das nicht, was andre haben,
und anderen mangeln deine Gaben.
Aus dieser Unvollkommenheit
entspringet die Geselligkeit.

Christian Fürchtegott Gellert

Da wächst der Wein, wo's Fass ist,
es regnet gern, wo's nass ist,
zu Tauben fliegt die Taube,
zur Mutter passt die Schraube,
der Stöpsel sucht die Flaschen,
die Zehrung Reisetaschen,
weil alles, was sich rühret,
am Schluss doch harmonieret.

Johann Wolfgang von Goethe

Tages Arbeit, abends Gäste!
Saure Wochen, frohe Feste!

Johann Wolfgang von Goethe

Ohne Wein kann's uns auf Erden
nimmer wie dreihundert werden,
ohne Wein und ohne Weiber
hol der Teufel unsre Leiber.

Johann Wolfgang von Goethe

Solang man nüchtern ist,
gefällt das Schlechte.
Wie man getrunken hat,
weiß man das Rechte.

Johann Wolfgang von Goethe

Es ist eine Forderung der Natur,
dass der Mensch mitunter betäubt werde,
ohne zu schlafen. Daher der Genuss im
Tabakrauchen, Branntweintrinken, Opiaten.

Johann Wolfgang von Goethe

Mich deucht, das Größt'
bei einem Fest
ist, wenn man sich's
wohl schmecken lässt.

Johann Wolfgang von Goethe

Trinksprüche zu fröhlichen Feiern

Heute geh ich. Komm ich wieder,
singen wir ganz andre Lieder.
Wo so viel sich hoffen lässt,
ist der Abschied ja ein Fest.

Johann Wolfgang von Goethe

Solange man trinken kann,
lässt sich's noch glücklich sein.

Johann Wolfgang von Goethe

Meinen Wein
trink ich allein,
niemand setzt mir Schranken,
ich hab so meine Gedanken.

Johann Wolfgang von Goethe

Hebt mich das Glück,
so bin ich froh
und sing dulci jubilo.
Senkt sich das Rad
und quetscht mich nieder,
so denk ich: Nun, es hebt sich wieder!

Johann Wolfgang von Goethe

Wie fruchtbar ist der kleinste Kreis,
wenn man ihn wohl zu pflegen weiß.

Johann Wolfgang von Goethe

Ich will Champagnerwein
und recht moussierend soll er sein!

Johann Wolfgang von Goethe

Pflegten wir kristallen Glas
rasch mit Schaum zu füllen
und mit Maß und ohne Maß
Durst und Lust zu stillen:
Reicht man jetzt dem heitern
Zecher
silbern, reich verzierten Becher,
scheint es gar bedenklich.

Ward auch alt' und junger Wein
reichlich hergespendet,
wie die Fülle sich vom Main
Norden zugewendet:
Euren Frohsinn im Behagen
sollen wir in guten Tagen
dankbar mitgenießen.

Werde Silber, werde Gold,
wie sich's ziemt, verehret;
bleibe guter Geist euch hold,
der im Stillen lehret:
Sich ans Reine zu gewöhnen
und im Echten, Guten, Schönen
recht uns einzubürgern.

Johann Wolfgang von Goethe

Trinksprüche zu fröhlichen Feiern

Hier sind wir versammelt zu löblichem Tun,
drum Brüderchen: Ergo bibamus!
Die Gläser klingen, Gespräche, sie ruhn,
beherziget: Ergo bibamus!
Das heißt noch ein altes, ein tüchtiges Wort:
Es passet zum ersten und passet so fort
und schallet, ein Echo, vom festlichen Ort,
ein herrliches Ergo bibamus,
ein herrliches Ergo bibamus!

Ich hatte mein freundliches Liebchen gesehn,
da dacht ich mir: Ergo bibamus
und nahte mich freundlich; da ließ sie mich stehn.
Ich half mir und dachte: Bibamus.
Und wenn sie versöhnet euch herzet und küsst
und wenn ihr das Herzen und Küssen vermisst,
so bleibet nur, bis ihr was Besseres wisst,
beim tröstlichen: Ergo bibamus!

Mich ruft mein Geschick von den Freunden hinweg;
ihr Redlichen: Ergo bibamus!
Ich scheide von hinnen mit leichtem Gepäck;
drum doppeltes: Ergo bibamus!
Und was auch der Filz von dem Leibe sich schmorgt,
so bleibt für den Heitern doch immer gesorgt,
weil immer dem Frohen der Fröhliche borgt;
drum Brüderchen: Ergo bibamus!

Was sollen wir sagen zum heutigen Tag!
Ich dächte nur: Ergo bibamus!
Er ist nun einmal von besonderem Schlag,
drum immer aufs Neue: Bibamus!
Er führet die Freude durchs offene Tor,
es glänzen die Wolken, es teilt sich der Flor,
da scheint uns ein Bildchen, ein göttliches, vor:
Wir klingen und singen: Bibamus!

Johann Wolfgang von Goethe

Trinksprüche zu fröhlichen Feiern

Der Hals ist mir trocken, als hätt ich verschluckt
die untergehende Sonne.
Herr Wirt! Herr Wirt! Eine Flasche Wein
aus eurer besten Tonne!

Es fließt der holde Rebensaft
hinunter in meine Seele
und löscht bei dieser Gelegenheit
den Sonnenbrand der Kehle.

Und noch eine Flasche, Herr Wirt! Ich trank
die erste in schnöder Zerstreuung,
ganz ohne Andacht! Mein edler Wein,
ich bitte dich drob um Verzeihung.

Jetzt aber steck ich die Nase ins Glas
und ernsthaft zuvor beguck ich
den Wein, den ich schlucke; manchmal auch,
ganz ohne zu gucken, schluck ich.

Heinrich Heine

Der liebe Gott hat nicht gewollt,
dass edler Wein verderben sollt',
darum hat er auch zum Saft der Reben
den nötigen Durst hinzugegeben!

Volksmund

Lustige Brüder
und lustige Brüder
sind niemals allein,
es find't sich ja immer
Gesellschaft dabei.

Steht vor mir ein Gläschen,
ein Mädel zur Seit',
so gibt's unterm Himmel
keine glücklichern Leut.

Volkslied

Trinksprüche zu fröhlichen Feiern

Der edle Wein
ist doch der beste Schieferdecker,
sein güldner Schein
macht alle Menschen etwas kecker,
ich wundre mich,
dass er so klettern kann und steigen,
und macht, dass sich
die großen Häupter vor ihm neigen.

Aus „Des Knaben Wunderhorn"

Von allen Weinen in der Welt
Rheingauer mir am besten gefällt:
Er ist ein Biedermann, ein Held,
der unterm blauen Himmelszelt
hoch das Panier der Freude hält,
sich nur den Frohen beigesellt
und gegen alles in der Welt,
was Leiden heißt, frisch zieht ins Feld.

Wenn ihr im Lebenskampf und Streit
vergessen wollet Gram und Leid
und öffnen wollet weit und breit
das Herz der Lust und Fröhlichkeit,
so trinket Rheingauer allezeit!
Ihr seid vor Sorg' und Qual gefeit,
von aller Furcht und Angst befreit
und lebt in Himmelsseligkeit.

Willkommen, Rheingauer, lieber Wein,
du unter den Weinen der Edelstein,
voll Lieblichkeit, wie Gold so rein,
erquickend duftend im Heiligenschein,
du musst vor allen gepriesen sein,
ja, nun und nie vergess ich dein,
du edelster Wein am ganzen Rhein,
o wärst du heut und immer mein!

Hoffmann von Fallersleben

Unsre Väter sind gesessen
auch vor vollen Gläsern hier;
unsre Väter sind vergessen
und vergessen werden wir.

Wer kann alles auch behalten,
was geschieht und nicht geschieht?
Ob sich hier die Stirn in Falten,
dort der Mund zum Lächeln zieht?

Leer' und volle Köpf' und Taschen
werden nach uns auch noch sein,
nach uns gibt's noch Krüg' und Flaschen,
Gläser mit und ohne Wein.

Und wenn diese gehn zu Scherben,
neue Gläser werden draus;
wenn die alten Gäste sterben,
kommen neue Gäst' ins Haus.

Könnten unsre Väter sprechen,
sprächen sie: Stoßt an und zecht!
Leben war noch nie Verbrechen
und der Lebende hat Recht.

Hoffmann von Fallersleben

Trinksprüche zu fröhlichen Feiern

Herr Durst ist ein gestrenger Mann,
der lässt sich gar nicht foppen;
ob's Wetter gut ist oder schlecht,
er geht nicht ab von seinem Recht,
er fordert seinen Schoppen.

Und wer ihm den nicht geben will,
den quälet er tagtäglich,
er quält ihn hier, er quält ihn dort,
er quälet ihn in einem fort
und quält ihn ganz unsäglich.

Da gilt kein Ansehn der Person,
nicht Stand noch Würd' und Ehren:
Herr Durst, der kehrt bei allen ein,
bei Reich und Arm, bei Groß und Klein
und niemand kann's ihm wehren.

Ihn rührt kein Ernst, ihn rührt kein Spaß,
kein Pfeifen und kein Singen.
Ihr könnt ihn nicht durch Spott und Hohn,
ihr könnt ihn nicht durch Schmäh'n und
Droh'n von seiner Ford'rung bringen.

Drum macht's wie ich: Ich bin bereit,
sein Schöpplein ihm zu zollen.
Und lässt er mich dann nicht in Ruh',
trink ich ihm noch ein zweites zu,
dann hört er auf zu schmollen.

Hoffmann von Fallersleben

Trinksprüche zu fröhlichen Feiern

Vom betörenden Weine besiegelt,
welcher den Weisesten oft anreizt zum
lauten Gesange,
ihn zum herzlichen Lachen und
Gaukeltanz verleitet
und manch' Wort ihm entlockt,
das besser wäre verschwiegen.
Homer

Mit Ehren, Wein, von dir bemeistert,
und deinem flüss'gen Feu'r begeistert,
stimm ich zum Danke, wenn ich kann,
ein dir geheiligt' Loblied an.

Doch wie? In was für kühnen Weisen
werd ich, o Göttertrank, dich preisen?
Dein Ruhm, hör ihn summarisch an,
ist, dass ich ihn nicht singen kann.
Gotthold Ephraim Lessing

Freue dich mit mir!
Es ist so traurig,
sich allein zu freuen.
Gotthold Ephraim Lessing

Was für Redner sind wir nicht,
wenn der Rheinwein aus uns spricht.
Gotthold Ephraim Lessing

Zu viel kann man wohl trinken,
doch trinkt man nie genug.
Gotthold Ephraim Lessing

Wer nicht liebt Wein,
Weiber und Gesang,
der bleibt ein Narr sein Leben lang.
Martin Luther

Trinksprüche zu fröhlichen Feiern

Freunde, lasset uns beim Zechen
wacker eine Lanze brechen!
Es leb der Wein, die Liebste mein!
Drauf leer sein Gläschen jeder aus.
Mit euch ist gar nicht anzufangen,
da sitzt ihr still wie Hopfenstangen.
Sie lebe hoch! So schreiet doch!
Sie lebe hoch! So schreiet doch, so schreiet doch!
Seid ihr wie Stockfisch denn geworden stumm,
seid ihr wie Stockfisch denn geworden stumm?
So schreit, so schreit, so schreit, ihr Esel,
doch, seid nicht so dumm!
Es leb die Liebe und der Wein!
Was könnt auf Erden Schönres sein?
Vivat, vivat, vivat, sie lebe hoch!

Wolfgang Amadeus Mozart

Treibt der Champagner das Blut erst
im Kreise,
dann wird's ein Leben herrlich und frei.

Wolfgang Amadeus Mozart

Seid munter und fröhlich,
alles, was nur junge Leutchen sein,
setzet euch hier nieder
bei einem Glas Wein.

Dann woll'n wir trinken,
bis der Taler ist verzehrt,
dann hat's uns allen
recht wohl geschmeckt.

Volkslied

Der Wein ist unter den Getränken das nützlichste,
unter den Arzneien die schmackhafteste,
unter den Nahrungsmitteln das angenehmste.

Plutarch

Trinksprüche zu fröhlichen Feiern

Man kann, wenn wir es überlegen,
Wein trinken fünf Ursachen wegen:
Einmal um des Festtags willen,
sodann vorhand'nen Durst zu stillen,
desgleichen, um künftigen
abzuwehren,
ferner dem guten Wein zu Ehren
und endlich um jeder Ursach' willen.

Friedrich Rückert

Frage nicht, was das Geschick
morgen wird beschließen;
unser ist der Augenblick,
lass uns den genießen!

Friedrich Rückert

Wein und schöne Mädchen
sind zwei Zauberfädchen,
die auch die erfahr'nen
Vögel gern umgarnen.

Friedrich Rückert

Um andre leichter zu ertragen,
musst du dir sagen,
dass du selbst nicht zu jeder Frist
andern leicht zu ertragen bist.

Friedrich Rückert

Und so finden wir uns wieder
in den heitern bunten Reih'n
und es soll der Kranz der Lieder
frisch und grün geflochten sein.

Friedrich von Schiller

Trink ihn aus, den Trank der Labe,
und vergiss den großen Schmerz.
Wundervoll ist Bacchus' Gabe,
Balsam fürs zerrissene Herz!

Friedrich von Schiller

Der Wein erfindet nichts,
er schwatzt's nur aus.

Friedrich von Schiller

Satt essen kann sich jeglicher zu Hause,
geselliges Vergnügen, munteres Gespräch muss
einem Festmahl Würze geben.

Friedrich von Schiller

Der Heiterkeit sollen wir, wann immer sie sich einstellt,
Tür und Tor öffnen, denn sie kommt nie zur unrechten Zeit.

Arthur Schopenhauer

Trinksprüche zu fröhlichen Feiern

Eher muss man darauf achten,
mit wem man isst und trinkt,
als was man isst und trinkt.

Seneca

Das reichste Mahl ist freudenleer,
wenn nicht des Wirtes Zuspruch
und Geschäftigkeit den Gästen zeigt,
dass sie willkommen sind.

Shakespeare

Ergreift das Glas und trinkt den Wein,
ein jeder Mensch soll glücklich sein!

Volksgut

Sie haben wundervoll diniert;
warm und behaglich rollt ihr Blut,
voll Menschenliebe ist ihr Herz,
sie sind der ganzen Welt so gut.

Sie schütteln zärtlich sich die Hand,
umwandelnd den geleerten Tisch
und wünschen, dass gesegnet sei,
der Wein, der Braten und der Fisch.

Die Geistlichkeit, die Weltlichkeit,
wie sie so ganz verstehen sich!
Ich glaube, Gott verzeihe mir,
sie lieben sich herzinniglich.

Theodor Storm

Zum Abschied

Vergiss mein nicht, du treues Herz,
bleib treu mir in der Ferne,
ohn' dich ist alle Freude Schmerz,
ohn' dich sind dunkel die Sterne.
Clemens Brentano

Ach, aber kaum lernt man sich kennen,
so muss man sich schon wieder trennen.
Wilhelm Busch

Meist hat, wenn zwei sich scheiden,
einer etwas mehr zu leiden.
Wilhelm Busch

Es ist bestimmt in Gottes Rat,
dass man vom Liebsten, was man hat,
muss scheiden.
Ernst von Feuchtersleben

Wenn Menschen auseinander gehn,
so sagen sie: Auf Wiedersehn.
Ernst von Feuchtersleben

Mit Koffern, Schachteln, Reisesäcken
dein Glück zu suchen ziehst du aus?
Freund, nimm den leichten Wanderstecken,
du bringst es wahrlich eh'r nach Haus.
Emanuel Geibel

Du bist fern
In meinem Garten die Nelken
mit ihrem Purpurstern
müssen nun alle verwelken,
denn du bist fern.

Auf meinem Herde die Flammen,
die ich bewacht so gern,
sanken in Asche zusammen,
denn du bist fern.

Die Welt ist mir verdorben,
mich grüßt nicht Blume, nicht Stern;
mein Herz ist lange gestorben,
denn du bist fern.
Emanuel Geibel

Zum Abschied

Es ist unmöglich, dass ein alter Freund,
der, lang entfernt, ein fremdes Leben führte,
im Augenblick, da er uns wiedersieht,
sich wieder gleich wie ehmals finden soll.

Johann Wolfgang von Goethe

Ein Mann muss scheiden,
eh ins Aug' ihm
die Tränen treten.

Friedrich Hebbel

Wenn zwei voneinander scheiden,
so geben sie sich die Händ'
und fangen an zu weinen
und seufzen ohne End'.

Wir haben nicht geweinet,
wir seufzten nicht Weh und Ach!
Die Tränen und die Seufzer,
die kamen hintennach.

Heinrich Heine

Durchschweife frei das Weltgebiet,
willst du die Heimat recht verstehn.
Wer niemals außer sich geriet,
wird niemals gründlich in sich gehn.

Paul Heyse

Zum Abschied

Ich wandre fort ins ferne Land;
noch einmal blickt' ich um, bewegt,
und sah, wie sie den Mund geregt
und wie gewinket ihre Hand.

Wohl rief sie noch ein freundlich' Wort
mir nach auf meinem trüben Gang,
doch hört' ich nicht den liebsten Klang,
weil ihn der Wind getragen fort.

Dass ich mein Glück verlassen muss,
du rauer, kalter Windeshauch,
ist's nicht genug, dass du mir auch
entreißest ihren letzten Gruß?

Nikolaus Lenau

„Lebewohl!" – du fühlest nicht,
was es heißt, dies Wort der Schmerzen,
mit getrostem Angesicht
sagtest du's und leichtem Herzen.

„Lebewohl!" – ach, tausendmal
hab ich es mir vorgesprochen
und, in nimmersatter Qual,
mir das Herz damit zerbrochen!

Eduard Mörike

Heißer ist stets die Glut,
wenn die Liebende fern dem Geliebten.
Immer zur Hand sein macht minder
geschätzt den Gemahl.

Properz

Ich wünsch dir einen breiten Weg
und ganz wenig Steine nur.

Polnisches Sprichwort

Was nicht zusammen kann bestehn,
tut am besten, sich zu lösen.

Friedrich von Schiller

Zum Abschied

Ich wollte nun, du gingst,
doch weiter nicht, als wie ein tändelnd' Mädchen
ihr Vögelchen der Hand entschlüpfen lässt,
gleich einem Armen in der Banden Druck,
und dann zurück ihn zieht am seid'nen Faden.
So liebevoll missgönnt sie ihm die Freiheit.

Shakespeare

Willst du schon gehen? Der Tag ist ja noch fern.
Es war die Nachtigall und nicht die Lerche,
die eben jetzt dein banges Ohr durchdrang.
Sie singt des Nachts auf dem Granatbaum dort.

Shakespeare

Nur eine Locke von deinem Haar
gib mir, mein Lieb, für die kalte Ferne!
Still wie das ew'ge Licht der Sterne
will ich sie bergen immerdar.

Nur eine Locke nach freundlicher Sitte
gib mir zum Pfand in Leid und Lust,
will sie ja bergen auf treuer Brust.
Gib mir, mein Lieb, ich bitte, bitte!

Theodor Storm

Zur Genesung

Tröste dich, die Stunden eilen,
und was all' dich drücken mag,
auch die schlimmste kann nicht weilen,
und es kommt ein andrer Tag.

In dem ew'gen Kommen, Schwinden,
wie der Schmerz liegt auch das Glück,
und auch heitre Bilder finden
ihren Weg zu dir zurück.

Harre, hoffe! Nicht vergebens
zählest du der Stunden Schlag:
Wechsel ist das Los des Lebens,
und es kommt ein andrer Tag.

Theodor Fontane

Die Nerven – ach, du lieber Gott!
Die Leber wird zum Kinderspott,
die Leber und der Magen;
doch würd' auch alles weh und wund,
eh bien, bleibt nur das Herz gesund,
so wollen wir's ertragen.

Theodor Fontane

Schon verloschen sind die Stunden,
hingeschwunden Schmerz und Glück;
fühl es vor: Du wirst gesunden!
Traue neuem Tagesblick!

Johann Wolfgang von Goethe

Der Geist der Medizin ist leicht zu fassen;
ihr durchstudiert die groß' und kleine Welt,
um es am Ende gehn zu lassen,
wie's Gott gefällt.

Johann Wolfgang von Goethe

Suche nicht vergebne Heilung!
Unsrer Krankheit schwer' Geheimnis
schwankt zwischen Übereilung
und zwischen Versäumnis.

Johann Wolfgang von Goethe

Ein Schnupfen hockt auf der Terrasse,
auf dass er sich ein Opfer fasse

und stürzt alsbald mit großem Grimm
auf einen Menschen namens
Schrimm.

Paul Schrimm erwidert prompt:
„Pitschü!"
und hat ihn drauf bis morgen früh.

Christian Morgenstern

Wende dein Gesicht der Sonne zu,
dann fallen die Schatten hinter dich.

Thailändische Weisheit

Zum Trost

Und wird auch mal der Himmel grauer;
wer voll Vertraun die Welt besieht,
den freut es, wenn ein Regenschauer
mit Sturm und Blitz vorüberzieht.

Wilhelm Busch

Wenn mir mal ein Malheur passiert,
ich weiß, so bist du sehr gerührt.
Du denkst, es wäre doch fatal,
passierte dir das auch einmal.
Doch weil das böse Schmerzensding
zum Glück an dir vorüberging,
so ist die Sache anderseits
für dich nicht ohne allen Reiz.
Du merkst, dass die Bedauerei
so eine Art von Wonne sei.

Wilhelm Busch

Älter als die Schwestern alle,
aber dennoch blieb ich jung.
Wem ich einmal nur gefalle,
weiß, ich heiß Erinnerung.

Scheint dir auch mal das Leben rau,
sei still und zage nicht.
Die Zeit, die alte Bügelfrau,
macht alles wieder schlicht.

Wilhelm Busch

Dauerhaftem schlechten Wetter
musst du mit Geduld begegnen.
Mach es wie die Schöppenstetter:
Regnet es, so lass es regnen!

Wilhelm Busch

Zum Trost

Wer nicht will, wird nicht zunichte,
kehrt beständig wieder heim.
Frisch herauf zum alten Lichte
dringt der alte Lebenskeim.

Keiner fürchte zu versinken,
der ins tiefe Dunkel fährt.
Tausend Möglichkeiten winken
ihm, der gerne wiederkehrt.

Dennoch seh ich dich erheben,
eh du in die Urne langst.
Weil du bange vor dem Leben,
hast du vor dem Tode Angst.

Wilhelm Busch

Wirklich, er war unentbehrlich!
Überall, wo was geschah
zu dem Wohle der Gemeinde,
er war tätig, er war da.

Schützenfest, Kasinobälle,
Pferderennen, Preisgericht,
Liedertafel, Spitzenprobe,
ohne ihn, da ging es nicht.

Ohne ihn war nichts zu machen,
keine Stunde hatt' er frei.
Gestern, als sie ihn begruben,
war er richtig auch dabei.

Wilhelm Busch

Zum Trost

Trennung ist wohl Tod zu nennen,
denn wer weiß, wohin wir gehen;
Tod ist nur ein kurzes Trennen
auf ein baldig' Wiedersehen.

Joseph von Eichendorff

Immer enger, leise, leise,
ziehen sich die Lebenskreise,
schwindet hin, was prahlt und prunkt,
schwindet Hoffen, Hassen, Lieben
und ist nichts in Sicht geblieben
als der letzte dunkle Punkt.

Theodor Fontane

Ein einziger Grundsatz
wird dir Mut geben,
nämlich der Grundsatz,
dass kein Übel ewig währt,
ja nicht einmal
sehr lange dauern kann.

Epikur

Zum Trost

Es ist der Glaub' ein schöner
Regenbogen,
der zwischen Erd und Himmel
aufgezogen,
ein Trost für alle,
doch für jeden Wandrer
je nach der Stelle, da er steht,
ein andrer.

Emanuel Geibel

Kannst dem Schicksal widerstehen,
aber manchmal gibt es Schläge;
will's nicht aus dem Wege gehen,
Ei! so geh du aus dem Wege!

Johann Wolfgang von Goethe

Das sind die Starken,
die unter Tränen lachen,
eig'ne Sorgen verbergen
und andre fröhlich machen.

Franz Grillparzer

Wie von den einzelnen Mühen
und Lasten des Lebens im Schlummer,
ruht man vom Leben selbst
endlich im Tode sich aus.

Friedrich Hebbel

Zum Trost

Was dem Staube gehört,
das muss dem Staube sich vermählen,
doch den unendlichen Geist
fesselt kein endliches Band.

Friedrich Hebbel

Den bängsten Traum begleitet
ein heimliches Gefühl,
dass alles nichts bedeutet
und wär uns noch so schwül.
Da spielt in unser Weinen
ein Lächeln hold hinein,
ich aber möchte meinen,
so sollt' es immer sein!

Friedrich Hebbel

Tröste dich in deinem Leid,
das dir Gott beschieden!
Ist doch nur Vergänglichkeit
unser Los hienieden.

Eh das Leben oft beginnt,
ist es schon vergangen;
mitten in dem Leben sind
wir vom Tod umfangen.

Arm und Reich und Alt und Jung,
was sich liebt' und freute,
Hoffnung, Freud, Erinnerung
wird des Todes Beute.

Tröste dich, du liebes Herz!
Groß ist Gottes Güte,
groß und größer als dein Schmerz –
dass dich Gott behüte!

Hoffmann von Fallersleben

Zum Trost

Werde heiter, mein Gemüte,
und vergiss der Angst und Pein!
Groß ist Gottes Gnad und Güte,
groß muss auch dein Hoffen sein.

Kommt der helle goldne Morgen
nicht hervor aus dunkler Nacht?
Lag nicht einst im Schnee verborgen
dieses Frühlings Blütenpracht?

Durch die Finsternis der Klagen
bricht der Freude Morgenstern;
bald wird auch dein Morgen tagen:
Gottes Güt' ist nimmer fern.

Hoffmann von Fallersleben

Nichts hat in der Welt Bestand:
Was da kommt, muss scheiden
und so reichen sich die Hand
immer Freud und Leiden.

Hoffmann von Fallersleben

Muss man von Freuden scheiden
in schöner Sommerzeit
und, was uns lieb war, meiden,
das ist ein herbes Leid.
Doch kann ein Trost hienieden
versüßen uns den Schmerz:
Was Schönes uns beschieden,
behält ein dankbar Herz.

Willkommen, schöne Stunden!
Mögt ihr euch bald erneun,
dass wir so treu verbunden
uns wiederum erfreun.
Wir wollen sein zufrieden
mit dem, was Gott verlieh;
ist auch die Zeit geschieden,
das Schöne scheidet nie.

Hoffmann von Fallersleben

Zum Trost

Dankbar sei mit Herz und Munde!
Und so kehret leicht zurück
jede schöne, frohe Stunde,
alles, was dir war ein Glück.

Und die dunklen Tage malen
schön sich im Erinnerungsschein,
wie die Abendwolken strahlen
golden in die Welt hinein.

Und du fühlst, was du besessen,
ist doch dein für immerdar;
nein, du kannst es nicht vergessen,
was dir lieb und heilig war.

Dankbar sei mit Herz und Munde!
Dankbar heut und allezeit!
Dir auch manche schöne Stunde
die Erinnerung verleiht.

Hoffmann von Fallersleben

Wie dunkle Nacht, sie ist verschwunden,
verschwunden ist das bange Leid;
es mahnen euch die heitern Stunden,
dass ihr wie sie auch heiter seid.
Bei diesem schönen Sonnenschein,
wer möchte da nicht fröhlich sein!

Hoffmann von Fallersleben

Der Himmel hat den Menschen
als Gegengewicht gegen die
vielen Mühseligkeiten des Lebens
drei Dinge gegeben:
die Hoffnung, den Schlaf und das Lachen.

Immanuel Kant

Oft muss man erst durch Wolken dringen,
eh man des Himmels Blau entdeckt:
So lässt das Gute sich erringen,
weil sich das Beste nur versteckt.

Hoffmann von Fallersleben

Alles kann ich wiedergeben,
was verlor ein redlich Herz.
Freudenreich bleibt stets mein Leben,
Freude tausch ich ein um Schmerz.

Mein ist, was dir längst entschwunden,
froh verweb ich Zeit um Zeit
und ich trag in trüben Stunden
stets ein Regenbogenkleid.

Hoffmann von Fallersleben

Zählt man die Zeit im Jahr,
drin freudevoll war ein Herz,
sind's wen'ge Tage nur,
die andern trug es Schmerz.

Zählt man die Zeit im Jahr
drin blau der Himmel blieb,
sind's wen'ge Tage nur,
die andern waren trüb.

Drum, da der Himmel selbst
so oft in Tränen steht,
klag nimmer, Menschenherz,
dass dir's nicht besser geht.

Justinus Kerner

Nach den Tränen stellt im Leben
sich oft auch das Lachen ein;
Tränen haben auch die Reben,
aber trotz der Tränen geben
sie den lust'gen, gold'nen Wein.

Justinus Kerner

Solang noch Berg' und Tale blühn,
durch sie melodisch Flüsse ziehn,
ein Vogel hoch im Blauen schwebt,
Goldähren licht im Westhauch wallen,
Gebirge stehn, Alphörner schallen:
Hat diese Welt nicht ausgelebt.
Und was die Menschen tun und treiben,
ob frei sie oder Knechte bleiben,
dem Frühling gräbt es sich nicht ein.
Kein Treiber bringt mich je in Zweifel
– ist er ein Teufel aller Teufel –,
er ändert nicht der Sonne Schein.

Justinus Kerner

Sahst du ein Glück vorübergehn,
das nie sich wieder findet,
ist's gut, in einen Strom zu sehn,
wo alles wogt und schwindet.

Hinträumend wird Vergessenheit
des Herzens Wunde schließen;
die Seele sieht mit ihrem Leid
sich selbst vorüberfließen.

Nikolaus Lenau

Trösten ist eine Kunst des Herzens.
Sie besteht oft nur darin,
liebevoll zu schweigen
und schweigend mitzuleiden.

Otto von Leixner

Weißt du, was in dieser Welt
mir am meisten wohlgefällt?
Dass die Zeit sich selbst verzehret
und die Welt nicht ewig währet.

Friedrich von Logau

Zum Trost

Und wenn ich wüsste,
dass morgen die Welt
in tausend Stücke zerbräche,
ich würde heute noch einen Baum
pflanzen.

Martin Luther

Es gibt noch Wunder, liebes Herz,
getröste dich!
Erlöste dich
noch nie ein Stern aus deinem Schmerz,
des Strahlenspiel
vom hohen Zelt
in deiner Qualen
Tiefe fiel
und sprach: „Sieh, wie ich zu dir kam
vor allen andern ganz allein!
Du liebes Herz, wirf ab den Gram,
bin ich nicht dein?
Getröste dich!"

Christian Morgenstern

Ich sage dir als tröstlich Wort,
wie eins aufs andre ist gestellt.
Denk einen Punkt des Ganzen fort,
du denkst dich selber aus der Welt.

Christian Morgenstern

Wenn alles eben käme,
wie du gewollt es hast,
und Gott dir gar nichts nähme
und gäb dir keine Last.

Wie wär's da um dein Sterben,
du Menschenkind, bestellt?
Du müsstest fast verderben,
so lieb wär dir die Welt.

Nun fällt – eins nach dem andern –
manch süßes Band dir ab
und heiter kannst du wandern
gen Himmel durch das Grab.
Dein Zagen ist gebrochen
und deine Seele hofft,
dies ward schon oft gesprochen,
doch spricht man's nie zu oft.

Friedrich Baron de la Motte-Fouqué

Niemand weiß, was der Tod ist, ob er nicht für
den Menschen das größte ist unter allen Gütern.
Sie fürchten ihn aber, als wüssten sie gewiss,
dass er das größte Übel ist.

Platon

Oft denk ich, sie sind nur ausgegangen,
bald werden sie wieder nach Hause gelangen;
der Tag ist schön, so sei nicht bang,
sie machen nur einen weiten Gang.

Jawohl, sie sind nur ausgegangen
und werden jetzt nach Haus gelangen;
o sei nicht bang, der Tag ist schön,
sie machen den Gang zu jenen Höh'n.

Sie sind uns nur vorausgegangen
und werden nicht hier nach Haus verlangen;
wir holen sie ein auf jenen Höh'n
im Sonnenschein, der Tag ist schön.

Friedrich Rückert

Warte! Du erlebst es noch,
dass der Frühling wiederkehrt.
Hoffen alle Bäume doch,
die des Herbstes Wind verheert.
Hoffen mit der stillen Kraft
ihrer Knospen winterlang,
bis sich wieder regt der Saft
und ein neues Grün entsprang.

Friedrich Rückert

So komme, was da kommen mag!
Solang du lebst, ist es Tag.
Und geht es in die Welt hinaus,
wo du mir bist, bin ich zu Haus.
Ich seh dein liebes Angesicht,
ich seh die Schatten der Zukunft nicht.

Theodor Storm

Ist die Zeit auch hingeflogen,
die Erinnerung weicht nie;
als ein leichter Regenbogen
steht auf trüben Wolken sie.

Ludwig Uhland

Die Schreibweise entspricht den Regeln der neuen deutschen Rechtschreibung.

ISBN 3-938264-12-8